"En un día y una época en qu[e] de la idea de un diablo personal [es una señal de] lo que es: un mentiroso, engañador y acusador de los creyentes. Que muy pocas personas piensen en este enemigo es testimonio de sus tácticas inteligentes y siniestras. En *Tu plan de batalla para la victoria espiritual*, descubrimos que el diablo es un 'león rugiente que anda alrededor buscando a quien devorar'. Pero el doctor Youssef revela que el diablo solo puede rugir porque no tiene colmillos; el Cristo conquistador ya lo ha derrotado. Cuando devores este libro, comenzarás a vivir en la victoria que ya es tuya en Cristo".

—**Dr. O. S. Hawkins,** presidente y director ejecutivo de GuideStone Financial Resources

———ᔕᕦᕤ———

"El doctor Michael Youssef ha escrito un fascinante libro que nos ayuda a conocer quién es nuestro enemigo verdadero. Cuando nos sentimos tentados a juzgarnos unos a otros o a enfocarnos en quienes nos han herido, Michael nos muestra que no debemos tomar las ofensas de amigos o enemigos como algo personal, sino que debemos conocer al verdadero culpable: el diablo. Este libro hará que quieras orar más, leer más la Biblia y conocer mejor a Dios. Este es, hasta ahora, el mejor libro del doctor Youssef".

—**Dr. R. T. Kendall,** ministro principal de Westminster Chapel (1977–2002)

———ᔕᕦᕤ———

"La guerra es encarnizada, el enemigo es real, pero estoy agradecido de que la Biblia ofrezca una verdad clara acerca de cómo podemos obtener la victoria. Te animo a leer *Tu plan de batalla para la victoria espiritual* de Michael Youssef y a entender que somos más que vencedores por medio de Jesucristo".

—**Dr. Johnny Hunt,** pastor de la Primera Iglesia Bautista de Woodstock, Georgia

MICHAEL YOUSSEF

TU PLAN DE BATALLA PARA LA VICTORIA ESPIRITUAL

EDITORIAL
PORTAVOZ

Título del original: *Conquer* © 1997, 2015 por Michael Youssef y publicado por Harvest House Publishers, Eugene, Oregon 97402, www.harvesthousepublishers.com.Traducido con permiso.

Edición en castellano: *Tu plan de batalla para la victoria espiritual,* © 2017 por Editorial Portavoz, filial de Kregel Inc., Grand Rapids, Michigan 49505. Todos los derechos reservados.

Traducción: Ricardo Acosta
Diseño de portada: Dogo Creativo

EDITORIAL PORTAVOZ
2450 Oak Industrial Drive NE
Grand Rapids, MI 49505 USA
Visítenos en: www.portavoz.com

ISBN 978-0-8254-5733-3 (rústica)
ISBN 978-0-8254-6621-2 (Kindle)
ISBN 978-0-8254-8777-4 (epub)

1 2 3 4 5 edición / año 26 25 24 23 22 21 20 19 18 17

Impreso en los Estados Unidos de América
Printed in the United States of America

A Phil Cave,
cuya cooperación hizo posible
que una cantidad incalculable de personas en todo el mundo
fueran liberadas de las garras de Satanás.

Reconocimientos

Agradezco a Don Gates y Lauren Settembrini por utilizar sus dones para ayudar a hacer más relevante y práctico este libro.

Un agradecimiento especial a todo el equipo de Harvest House Publishers y, especialmente, a Bob Hawkins hijo, a LaRae Weikert y a Rod Morris, quienes compartieron mi sueño y ayudaron a ampliar la visión de esta obra.

Por último, gracias a los miembros de mi iglesia en Atlanta, Georgia, por su constante ánimo y apoyo. Ellos fueron el primer público para este mensaje, y me ayudaron a refinarlo con sus inquietudes y comentarios útiles.

CONTENIDO

PRIMERA PARTE

CONOCE AL ENEMIGO

CAPÍTULO 1

¿QUIÉN ES TU VERDADERO ENEMIGO?

Carlos (nombre ficticio) batallaba contra el pecado sexual. Tenía un ministerio exitoso, su esposa lo amaba, y centenares de personas más recibieron la influencia de su ministerio. Pero él no podía resistir la mirada lujuriosa, no podía quitar de la mente sus fantasías sexuales.

El deseo carnal había atrapado por tanto tiempo a este hombre, que se había adaptado en secreto. Carlos empezó a fingir que no era culpa suya la situación que vivía. Culpó a la crianza que recibió. Culpó a su naturaleza psicológica. En realidad, declaró: "No quiero ser así, pero ¿qué puedo hacer? Es así como soy". Al descubrirse su adicción a la pornografía, finalmente perdió su posición. Su ministerio quedó arruinado porque fracasó en vencer el pecado. Él sabía que estaba obrando mal, pero fue impotente para detenerse.

A veces me siento abrumado por la cantidad de miembros de la iglesia que son adictos a la pornografía. Mi amigo Tal Prince ha dedicado su vida a ayudar a personas que, al igual que él, se vieron atrapadas en esta esclavitud moderna al pecado. Sin embargo, ese es tan solo un aspecto en el que Satanás, el enemigo de nuestras almas, pudo invadir con éxito las mentes cristianas y mantenerlas cautivas a la autoridad diabólica.

Hay otras esferas de comportamiento y personalidad sobre las cuales parece que algunos cristianos no pueden recuperar el control que Satanás tiene. En consecuencia, llevan vidas de segunda clase, acosados por la ineficacia y la culpa. Andan desorientados. Típicamente, culpan de sus fracasos a otras personas, a la crianza que tuvieron o a las circunstancias, y tratan de combatir el fracaso usando métodos psicológicos, como si el pecado pudiera solucionarse con terapia.

¿Funciona esto? Desde luego que no. Por una simple razón: el *enemigo* verdadero no es la influencia del temperamento o de otras personas. El enemigo verdadero es el diablo.

Lo mismo ocurre con las relaciones. Si eres una persona casada, piensa por un momento en la última pelea que tuviste con tu cónyuge. Tal vez juzgaste que tu cónyuge estaba equivocado, y te hirió su falta de sensibilidad y cuidado. Al principio, discusiones como esa hacen poco daño, porque la herida se compensa con creces por el amor y el compromiso mutuos. Pero podría no seguir siendo así. Si han tenido muchas peleas, es posible que estés listo para la batalla. Empiezas a anticipar el conflicto y a ver a tu cónyuge como el responsable de tus agravios. Tarde o temprano, uno de los dos comienza a pensar: *Si lograra alejarme de esta persona, mi vida sería mucho mejor.*

> Tu alma y tus relaciones están en el núcleo de
> un conflicto cósmico. Estas cosas pueden ser
> ganadas para Dios o perdidas para el diablo.

No obstante, ¿quién es el enemigo *verdadero*? ¿Qué intereses *realmente* se satisfacen cuando esposo y esposa empiezan a pelear? No los de los cónyuges, mucho menos los de sus hijos. Cuando se destruyen matrimonios, solamente un individuo gana, y ese es el diablo. Mucho depende de un matrimonio: salud y seguridad de los hijos, manejo del hogar, testimonio eficaz, ejemplo para otros. Satanás puede apoderarse de todas estas cosas y afectarlas, si destruye un matrimonio. Por eso, los matrimonios están bajo tanta presión.

Tu alma y tus relaciones están en el núcleo de un conflicto cósmico. Estas cosas pueden ser ganadas para Dios o perdidas para el diablo. Así que aclara tus prioridades. Olvídate de tus continuas discrepancias con el pastor; olvídate de la manera en que tu esposo o esposa no cumple tus expectativas; olvídate de la otra persona en la iglesia que a menudo te pone nervioso. Si eres cristiano, estás librando la guerra *invisible*.

LA GUERRA INVISIBLE

Como todas las guerras, la invisible tiene sus campos de batalla. Me topé con uno de tales campos de batalla en un viaje a Escocia, a principios de los noventa. Se trataba de una antigua iglesia en el centro de un famoso poblado universitario al norte de Edimburgo. Al igual que muchas iglesias antiguas en Escocia, esta era una obra maestra arquitectónica llena de historia. El gran reformador John Knox había bendecido una vez su púlpito. Cruces afuera en la calle marcaban los sitios donde creyentes cristianos habían sido quemados en la hoguera por su fe. Gloriosas victorias se habían ganado aquí para el evangelio. Cuando entré, vi una vela encendida sobre el altar y un gorrión revoloteando en el techo por sobre nuestras cabezas.

—¿Cuántas personas se congregan aquí? —le pregunté a mi acompañante, quien vivía en el pueblo.

—Adivina —contestó sonriendo tristemente.

—¿Quinientas? —me aventuré a decir, pues según las normas escocesas el edificio era grande.

—Inténtalo de nuevo.

—¿Doscientas?

—Ven a las once de la mañana el próximo domingo —informó negando con la cabeza—, y verás a seis personas en las bancas.

—¿Seis?

—Seis ancianas. Déjame contarte lo que hay detrás.

Esta es la historia que me contó. Veinte años atrás, el ministro y el organista habían tenido un altercado. Ninguno de los dos recuerda ahora qué causó su desacuerdo. Pero desde ese momento, no se han dirigido la palabra. El domingo por la mañana, el ministro llega temprano y coloca una lista de himnos sobre el órgano. El organista los toca y luego sale por una puerta diferente. En veinte años, nadie nuevo se ha unido a la iglesia, y poco a poco la congregación ha ido muriendo.

Cuando oí esa historia, recordé poderosamente las palabras de despedida de Pablo a los efesios:

> Mirad por vosotros, y por todo el rebaño en que el Espíritu Santo os ha puesto por obispos, para apacentar la iglesia del Señor, la cual él ganó por su propia sangre. Porque yo sé que después de mi partida entrarán en medio de vosotros lobos rapaces, que no perdonarán al rebaño. Y de vosotros mismos se levantarán hombres que hablen cosas perversas para arrastrar tras sí a los discípulos (Hechos 20:28-30).

En esa iglesia escocesa, dos de los cristianos más influyentes se habían vuelto enemigos. Pero por supuesto, ninguno de ellos era el enemigo *verdadero*. Ambos eran miembros del mismo ejército, el ejército de Dios, y la de ellos fue una pelea dentro del destacamento. Y muy seria. Había costado la membresía a esta iglesia y llegó a estropear la misión de Dios hacia los incrédulos. En la guerra invisible, esa iglesia era un territorio vital perdido ante Satanás.

No importaba la belleza de la arquitectura. No importaba la vela o el gorrión que revoloteaba entre las vigas. Cuando atravesé esas puertas, podría muy bien haber estado en Praga un día después que llegaron los tanques soviéticos, o en Saigón, después de la invasión del Vietcong. La lamentable historia de relaciones rotas y de amargura sin resolver escondía una verdad espiritual más profunda: la iglesia estaba ahora en manos del enemigo.

No es difícil encontrar otros ejemplos de iglesias perdidas por el diablo. Muy rara vez son tomadas por ataque directo. Satanás es demasiado listo para eso; sabe que los creyentes lo rechazarían si lo vieran venir. Por eso, pelea una guerra invisible. Satanás avanza con sigilo. Viste a sus lobos como ovejas, por lo que se necesita experiencia y discernimiento para identificarlos.

> Satanás viste a sus lobos como ovejas,
> por lo que se necesita experiencia y
> discernimiento para identificarlos.

En 1999, Rob Bell fundó la Iglesia Bíblica Mars Hill en Grandville, Michigan. Rápidamente se convirtió en una de las iglesias de más rápido crecimiento en Estados Unidos, que alcanzó en el 2005 una asistencia semanal de casi diez mil personas. Sin embargo, en el 2011 tras publicarse su libro *Love Wins* [El amor gana], se hizo evidente que este pastor que fundó una "iglesia bíblica" no se aferró a las enseñanzas que se encuentran en las Escrituras.

En su libro, Bell cuestiona la existencia del infierno y la verdad de que solamente los creyentes en Jesucristo van al cielo. Esta controversia creó un gran revuelo en la comunidad evangélica, en la que inmediatamente algunos etiquetaron de hereje a Bell, pero miles más salieron en su defensa y se fueron tras un dios más "tolerante" que se adapta a nuestra cultura.

Rob Bell finalmente renunció como pastor de la Iglesia Bíblica Mars Hill, pero sus seguidores han aumentado. Él ha seguido ratificando abiertamente el matrimonio entre personas del mismo sexo, para deleite de muchos. Su último libro, *What We Talk About When We Talk About God* [De qué hablamos cuando nos referimos a Dios], está lleno de enseñanza aún más falsa, pero fue el primer título recomendado en el club de Oprah del libro súper conmovedor del mes. Parece que cuanto más suaviza Bell el evangelio de Jesucristo, más aceptado por la cultura popular se vuelve este hombre. Para su desgracia, este dios "más tolerante" y "menos sentencioso" que Bell ha creado no es el Dios de la Biblia, y no tiene poder para salvar.

Ninguna congregación está a salvo. Toma, por ejemplo, una iglesia activa y vibrante que busca ganar a los perdidos y preparar a los santos. De pronto, uno o dos individuos entran a la iglesia y empiezan a presentar ideas nuevas. Dicen cosas como: "Debemos movernos en una dirección diferente. Necesitamos hacer algo de servicio social, un poco de terapia". Con suavidad y argumentos tan sutiles que es difícil refutarlos, estos sujetos sacan de la voluntad de Dios a toda la congregación. En consecuencia, la mezcla de la membresía cambia. Los detractores originales reúnen más detractores a su alrededor, y al poco tiempo, la iglesia ha muerto y es letal para otros.

Esta es una labor encubierta. Cuando tales lobos entran, parecen ovejas, balan como ovejas, y las ovejas se hacen amigas de ellos. Pero los lobos son agentes del enemigo. Sea que se den cuenta o no, son utilizados para debilitar las defensas de la iglesia y destruirla.

Por tanto, ¿cómo comenzamos a ganar la guerra invisible con el fin de mantener a raya a los lobos?

¡CONOCE A TU ENEMIGO!

Archie Parrish, exmilitar y mi amigo por muchos años, me enseñó una lección vital. Me habló de sus experiencias en la Guerra de Corea. "Cuando llegué allí me entregaron un folleto. Cada soldado estadounidense recibió uno de estos. Se titulaba *Conoce a tu enemigo*".

Archie me indicó que ese folleto contenía todo lo que los soldados estadounidenses debían saber acerca de los norcoreanos. ¿Cómo eran? ¿Qué pensaban? ¿Dónde atacaban? ¿Cuál era su objetivo final? Saber las respuestas a tales preguntas decidiría la pérdida o la victoria. Cualquier soldado en período de servicio en Corea leía y releía ese folleto hasta que podía repetirlo de memoria. El conocimiento brindaba ventaja estratégica; la ignorancia significaba muerte.

Lo trágico es que los cristianos son muy ignorantes cuando se trata de la guerra invisible. Es probable que ni siquiera uno de cada diez creyentes identifique a Satanás como el enemigo verdadero, mucho menos que sepa cómo conquistarlo. El cristiano promedio es ajeno al conflicto espiritual. El cristiano promedio no posee esa información vital sobre cómo vencer a Satanás y sus huestes demoníacas. En consecuencia, el enemigo utiliza incluso a cristianos llenos del Espíritu como sus emisarios para destruir la obra de Dios.

> El enemigo utiliza incluso a cristianos llenos del Espíritu como sus emisarios para destruir la obra de Dios.

¿Entiendes lo que acabo de decir? De no ser así, léelo otra vez. *El enemigo utiliza a creyentes.* Eso es exactamente lo que ha sucedido a muchos líderes cristianos. Es exactamente lo que ocurrió entre el ministro y el organista en esa antigua iglesia en Escocia. Y es exactamente lo que está sucediendo en innumerables matrimonios cristianos y en otras relaciones cristianas, a todo lo largo y ancho del mundo. Una vez que el diablo tiene un asidero en tu vida, lo usará. Tú peleas *en* esta guerra invisible, pero la guerra también se está librando *en ti.*

Podrías preguntar: "¿Cómo puede el enemigo entrar en un creyente y usarlo para destruir la obra de Dios?". Pues bien, la guerra invisible es muy parecida a la guerra común. Un soldado en el ejército regular fácilmente puede servir a los propósitos del enemigo por medio de cobardía, ignorancia, falta de atención o carencia de determinación. ¿Qué piensas de la guerra de Vietnam? No se puede negar que una de las razones de que Estados Unidos perdiera en Vietnam fue la falta de resolución y compromiso del líder del gobierno por luchar para ganar. Tener poco entusiasmo es más grave que retirarse.

Piensa también en nuestra falta de resolución de Estados Unidos en Irak y a dónde los ha llevado esto ahora.

De forma similar, rendir tu vida al señorío de Jesucristo no es el final de la historia; apenas es un paso decisivo. Al reconocer que no hay otro camino a la salvación que no sea por medio de Jesús, pasas de las tinieblas a la luz. Cambias tu destino del infierno al cielo.

Pero todavía no has terminado tu viaje. Aún no estás santificado. Eres como una enorme corporación después de cambiar de dueños: bajo nuevo propietario, con nuevos objetivos, pero con muchas de las antiguas estructuras administrativas aún vigentes. La salvación lleva tiempo en absorberse.

Quiero que lo imagines de este modo: en tu ser espiritual, eres como una casa con muchas puertas, las cuales dan a tu alma, y es necesario cerrar con seguridad cada una para impedir entradas ilegales. Y a pesar de que hayas rendido tu vida al Señor Jesucristo, no todas esas puertas están cerradas. Si Satanás llega y da un empujón a las puertas, tarde o temprano encontrará una que se abra. Ahora tiene una manera de ingresar a tu alma. Ha descubierto tu talón de Aquiles.

En Oriente Medio donde me crié, los ladrones profesionales no suelen entrar por la fuerza. Es decir, no *irrumpen*. Van alrededor de las casas empujando las puertas para ver si ha quedado alguna mal cerrada y, solo entonces, entran a robar, matar y destruir. Satanás es un ladrón caballero. No entra a la fuerza. Si viene a tu vida, es porque lo has invitado, debido a que una o dos de tales puertas oscilan sobre sus bisagras.

Este es un tema al que me referiré en más detalle. Sin embargo, ahora ten en cuenta la cantidad de puertas que puedes estar dejando abiertas. La ira es una de ellas. Si la puerta de la ira se deja sin cerrojo, Satanás entrará a tu vida y causará estragos en tus relaciones. La amargura es una puerta. El odio es una puerta. La mentira es una puerta. La rebeldía es una puerta. La envidia es una puerta. La lujuria es una puerta. La codicia es una puerta. La culpa falsa es una puerta. La vergüenza es una puerta. La atracción por los horóscopos, la adivinación y el ocultismo son una puerta. ¿Estoy hablando claro? Si estas puertas no se revisan y se cierran todos los días, el enemigo tendrá acceso a tu alma.

Existe otra puerta, aquella con la que quiero tratar en primer lugar. Esa puerta es la *ignorancia*. El primer paso para conquistar a tu enemigo es *conocerlo*. Conoce a tu enemigo. Conoce cómo conquistarlo antes que te devore, porque eso es lo que quiere hacer.

Conoce su procedimiento operativo. Conoce lo que piensa. Conoce cuándo ataca, cómo ataca y dónde ataca. Encárgate de recopilar información. Cualquier ejército respetable se mantiene en constante estado de preparación y alerta a las actividades de su enemigo. El ejército que está bien informado nunca puede ser apabullado por un ataque sorpresivo.

El primer paso para conquistar a
tu enemigo es *conocerlo*.

Toda esta exhortación a estar preparado podría inquietarte. ¿Es nuestro enemigo en la guerra invisible tan sigiloso y poderoso que estamos en peligro constante de ser invadidos? Por supuesto que no. En primer lugar, debemos adoptar una perspectiva amplia y recordar que el resultado de esta guerra ya está decidido. Por muchas batallas que el diablo pueda ganar, al final va a ser derrotado. Esto significa que somos el único ejército en la historia con el triunfo garantizado antes de disparar un solo tiro. Nuestros reveses contra el diablo podrán ser dolorosos y costosos, pero no determinan el resultado final.

De ahí que debamos ser cuidadosos en tener la actitud correcta. Estamos en el lado ganador. La victoria está asegurada. Podrías decir: "No le tengo miedo al diablo". Y eso es bueno. Pero ese no es el punto principal. Mucho más importante es *que el diablo te tenga miedo*. ¿Qué has hecho últimamente para asustar al diablo? ¿Qué victoria has obtenido para hacerlo correr a esconderse?

Cuando el gran evangelista George Whitefield llegó a Nueva Inglaterra, un prominente ministro bostoniano de sangre azul lo confrontó.

—Señor Whitefield, siento mucho que haya venido a Boston.

—El diablo también, señor, el diablo también lo siente.

Grandes multitudes acudieron a oír a Whitefield, y como resultado de su predicación, las fronteras del reino de Dios se extendieron en gran manera.

El diablo teme su derrota final, por eso odia que se la recordemos. Me contaron que un eminente predicador explicó en cierta ocasión por qué muchos cristianos se niegan a creer en la Biblia como la Palabra autorizada de Dios. El predicador declaró: "A Génesis lo llaman mito y a Apocalipsis, misterio". En su opinión, ningún ser humano ha sido tan inteligente como para crear este tipo de objeciones —surgen del mismo diablo—. Luego continuó: "Y el diablo está muy ansioso de deshacerse de Génesis y de Apocalipsis, porque en Génesis se declara su sentencia y en Apocalipsis se la ejecuta".

> El diablo teme su derrota final, por eso odia que se la recordemos.

Déjame darte un poco de aliento. Ahora mismo, en este mismo segundo, el diablo está huyendo. ¿Cómo? Simplemente, porque estás tomándote el tiempo y la molestia para hacer lo que él más odia ver que se haga. Estás conociendo a tu enemigo, descubriendo sus debilidades y contrarrestando sus fortalezas. Por eso hará todo lo posible por evitar que termines este libro. Y cuando lo hayas terminado, hará todo lo posible para que olvides lo que aquí se dice. ¿Por qué entonces no hacer que el diablo se enoje de veras? Ve a buscar una libreta y un bolígrafo, y empieza a escribir lo que el Espíritu de Dios te enseña.

En los capítulos siguientes, examinaremos una serie de áreas cruciales y difíciles. Aprenderemos acerca de las estructuras y estrategias de mando del diablo, sus métodos preferidos de ataque y su destrucción final. No obstante, antes de eso, quiero esbozar algo del antecedente y hacer la pregunta que muchas personas consideran como la más importante de todas: ¿De dónde viene el diablo?

¿DE DÓNDE VIENE EL DIABLO?

Vuelve conmigo a dos pasajes bíblicos clave, Ezequiel 28:11-19 e Isaías 14:12-15, donde encontramos la enseñanza bíblica más concluyente sobre el origen de Satanás.

En estos pasajes, ni Ezequiel ni Isaías se dirigieron directamente a Satanás. En lugar de eso, sus burlas se dirigieron contra líderes contemporáneos cuya oposición a Dios los hacía prototipos de Satanás. Dios instruyó a Ezequiel: "Hijo de hombre, levanta endechas sobre el rey de Tiro" (Ezequiel 28:12). De igual forma, a Isaías se le dijo: "Pronunciarás este proverbio contra el rey de Babilonia" (Isaías 14:4). Todos los enemigos de Dios en el Antiguo Testamento fueron prototipos de Satanás, incluso el faraón confrontado por Moisés. Y siempre que se encuentran estos prototipos, podemos estar seguros de que la Biblia está enseñándonos algo importante acerca del diablo. Aun hoy día todo rey, todo príncipe, todo presidente o todo gobernante que niega a Dios o lo rechaza, actúa en realidad como representante personal de Satanás. Todo gobierno que rechaza a Dios se convierte en trono de Satanás. ¿Por qué? Porque Satanás utiliza a personas para conseguir sus propósitos. Siempre emplea agentes dispuestos a cumplir sus órdenes malvadas.

La primera pista de los orígenes de Satanás se encuentra en el uso que Isaías hace del nombre *Lucero*:

¡Cómo caíste del cielo, oh Lucero, hijo de la mañana! Cortado fuiste por tierra, tú que debilitabas a las naciones (Isaías 14:12).

Al principio esto parece paradójico. El nombre Lucero, o Lucifer, literalmente significa "portador de luz, quien brilla, el que resplandece". Ezequiel afirmó la misma verdad al describir a Satanás vestido con una especie de traje de piedras preciosas resplandeciente. Dios declaró del diablo:

Tú eras el sello de la perfección, lleno de sabiduría, y acabado de hermosura. En Edén, en el huerto de Dios estuviste; de toda piedra preciosa era tu vestidura; de cornerina, topacio, jaspe, crisólito, berilo y ónice; de zafiro, carbunclo, esmeralda y oro; los primores de tus tamboriles y flautas estuvieron preparados para ti en el día de tu creación (Ezequiel 28:12-13).

En contraste con Ezequiel, Pablo describió más adelante la lucha de los efesios "contra principados, contra potestades, contra los gobernadores de las tinieblas de este siglo, contra huestes espirituales de maldad en las regiones celestes" (Efesios 6:12). ¿Cómo puede el reino de las tinieblas de Satanás estar presidido por alguien que fue llamado el portador de luz? Recuerda que aquí estamos hablando de *orígenes*. Dios creó a Lucifer como uno de sus siervos principales. Leemos más adelante en Ezequiel:

> Tú, querubín grande, protector, yo te puse en el santo monte de Dios, allí estuviste; en medio de las piedras de fuego te paseabas. Perfecto eras en todos tus caminos desde el día que fuiste creado, hasta que se halló en ti maldad (Ezequiel 28:14-15).

Según Ezequiel, Satanás era "el sello de la perfección, lleno de sabiduría, y acabado de hermosura". Aun así, la luz de Lucifer era la luz de un espejo, no de una antorcha. La luz nunca se originó dentro de él. Ninguna de tales piedras preciosas descritas en Ezequiel 28 podía brillar por sí misma; si la pusieras en un cuarto oscuro, ni siquiera la verías. Lucifer brillaba porque *reflejaba* la belleza y la luz de Dios.

No olvides que Lucifer fue uno de los ángeles superiores. Obró en el nivel más alto. A diferencia de Moisés, quien tenía que cubrirse el rostro en la presencia de Dios, Lucifer podía mirar el mismo trono del Padre. Era capaz de expresarle alabanza y adoración. Tal era el privilegio y la autoridad que había recibido de lo alto.

Esto es lo que convierte a Satanás en un adversario tan astuto y peligroso. Él es como un desertor de alto rango de la CIA, que conoce los protocolos y los códigos secretos, que puede ir a buscar a sus antiguos contactos y ser absolutamente convincente. Por esto Pablo escribió a los corintios:

> Mas lo que hago, lo haré aún, para quitar la ocasión a aquellos que la desean, a fin de que en aquello en que

se glorían, sean hallados semejantes a nosotros. Porque éstos son falsos apóstoles, obreros fraudulentos, que se disfrazan como apóstoles de Cristo. Y no es maravilla, porque el mismo Satanás se disfraza como ángel de luz (2 Corintios 11:12-14).

> Satanás sabe exactamente cómo parecerse a un ángel de luz, porque eso fue.

Satanás sabe exactamente cómo parecerse a un ángel de luz, porque eso fue. Dios lo creó para que fuera eso: Lucifer. No porque tuviera alguna belleza propia, sino porque reflejaría magníficamente la belleza y la gloria de su Creador. Tampoco olvides que Pablo escribió acerca de aquellos falsos apóstoles "que se disfrazan como apóstoles de Cristo". Los lobos se parecen a su líder; son maestros del disfraz. En un capítulo posterior, volveremos a tratar este problema y a mostrar cuán eficazmente, incluso ahora, las huestes de Satanás son enviadas a disfrazarse como creyentes verdaderos.

El orgullo vino antes de la caída

Veamos una segunda pista de los orígenes de Satanás. Fue creado por el único y eterno Dios, quien no tiene principio ni fin. Como ser creado, Satanás estaba obligado a ofrecer adoración y alabanza al Dios Creador. Satanás era perfecto en todos los sentidos. Era la quintaesencia de la sabiduría. Era lo último en belleza. Pero fue creado con un propósito. Dios le delegó plena responsabilidad ejecutiva para las huestes angelicales que le sirven en todo el universo.

La Biblia no nos dice cuántos ángeles había en esta hueste. *Tropecientos*, dirían los niños de hoy. Pero incluso tropecientos parece ser un cálculo demasiado bajo. Y Pablo nos informa en Efesios 1:21 que dentro de este ejército celestial hay numerosos rangos, clases y grados ("principado y autoridad y poder y señorío"). Cada rango, clase o grado tiene una responsabilidad diferente. Cada uno tiene una esfera distinta de ministerio. Cada uno tiene una esfera de trabajo que es distinta de las demás. Lee Apocalipsis y encontrarás que la labor de algunos ángeles es permanecer siempre delante del trono de Dios, declarando:

> Santo, santo, santo es el Señor Dios Todopoderoso, el que era, el que es, y el que ha de venir (Apocalipsis 4:8).

Lo único que la Biblia dice de *todos* los ángeles, en Hebreos 1:14, es que son "espíritus ministradores".

Parece que Lucifer presidía a todo este grupo. Él era el vicepresidente ejecutivo. Y esta posición le dio un poder impresionante. Actuaba como máximo intermediario y principal mediador. Reunía adoración de todas partes de la creación y la llevaba a la presencia de Dios. Pero ser un mediador, incluso el mediador principal, no es fácil. Requiere humildad y madurez sobrenaturales.

> Que Lucifer albergara la ambición de reemplazar a Dios no solo fue algo blasfemo, sino también algo irracional.

Pregunta a cualquier ejecutivo de alto rango. Por supuesto, sabes cuán lejos has ascendido y cuántas personas están debajo de ti. Pero mientras más te acercas a la cima, más intensamente deseas subir ese peldaño final y convertirte en la cabeza indiscutible. Es posible que en la vida empresarial esta no sea una ambición tan irrazonable; pasar de vicepresidente ejecutivo a director general no es algo tan grande. Pero un abismo insuperable separa a la criatura del Creador; en consecuencia, que Lucifer albergara la ambición de reemplazar a Dios no solo fue algo blasfemo, sino también algo irracional.

Isaías nos da una idea del proceso de pensamiento de Lucifer en este punto:

Tú que decías en tu corazón: Subiré al cielo; en lo alto, junto a las estrellas de Dios, levantaré mi trono, y en el monte del testimonio me sentaré, a los lados del norte; sobre las alturas de las nubes subiré, y seré semejante al Altísimo (Isaías 14:13-14).

Observa el tiempo verbal que usa Lucifer para expresar su ambición:

• Subiré al cielo...

• levantaré mi trono...

• me sentaré...

• sobre las alturas subiré...

• seré semejante...

Cinco veces en dos versículos se presenta el tiempo futuro. Dios creó perfecto a Lucifer, pero también lo creó con la capacidad de elegir, tal como hizo con Adán y Eva. Tener el poder de elegir es de manera especial estar consciente de uno mismo como el que elige. Esto abre la posibilidad de llegar a enfocarnos tanto en nosotros mismos, que olvidamos lo insignificante que en realidad somos.

> Lucifer no reconoció que todo lo que poseía era un regalo de Dios, y que sin Dios no era nada.

Si colocas la mano frente a tu rostro creerás que tu mano es más grande que una montaña en el horizonte. Empiezas a igualarte con Dios. Y de este fatal error de percepción, brota todo tipo de mal: egoísmo, orgullo y falsa ambición.

Esto es lo que le sucedió a Lucifer. Se volvió orgulloso de su hermosura. Se volvió orgulloso de su intelecto. Se volvió orgulloso de su capacidad. Se volvió orgulloso de su logro. Lucifer no reconoció que todo lo que poseía era un regalo de Dios, y que sin Dios no era nada. Creyó realmente que merecía adoración por derecho propio. Ezequiel lo expresa bien cuando, hablando a favor del Señor, le declaró a Satanás:

> Se enalteció tu corazón a causa de tu hermosura, corrompiste tu sabiduría a causa de tu esplendor (Ezequiel 28:17).

Y por eso Dios lo expulsó y lo arrojó del cielo. Jesús se refirió a este hecho cuando aseguró: "...Yo veía a Satanás caer del cielo como un rayo" (Lucas 10:18). He aquí la versión de Ezequiel:

> A causa de la multitud de tus contrataciones fuiste lleno de iniquidad, y pecaste; por lo que yo te eché del monte de Dios, y te arrojé de entre las piedras del fuego, oh querubín protector. Se enalteció tu corazón a causa de tu hermosura, corrompiste tu sabiduría a causa de tu esplendor; yo te arrojaré por tierra; delante de los reyes te pondré para que miren en ti (Ezequiel 28:16-17).

TRES PREGUNTAS Y UNA ADVERTENCIA

En este punto, algunos cristianos le ponen reparos a Dios. Preguntan: ¿No sabía Dios desde el principio que el orgullo capturaría el corazón de Lucifer? La respuesta es sí, porque Dios es omnisciente, y ser omnisciente significa que conoce todo el futuro. Por tanto, ¿no pudo Dios haber evitado la caída de Satanás? Otra vez la respuesta es sí, porque Dios también es omnipotente. Él puede hacer cualquier cosa. Y aquí viene la tercera pregunta. Si Dios sabía que Lucifer se rebelaría, y si pudo haberlo evitado, ¿por qué no lo hizo?

Pues bien, ¿por qué no lo hizo? A primera vista, evitar la rebelión de Satanás habría ahorrado un montón de problemas. No habría habido caída en el Edén, pecado en la historia humana, necesidad de redención ni destrucción del orden actual, a fin de dar paso a los nuevos cielos y la nueva tierra.

Lo más cerca que podemos estar de responder esta pregunta es señalar la importancia del libre albedrío. Después de todo, sin libre albedrío los seres creados solo son máquinas. Al igual que las computadoras, hacen exactamente lo que se les ordena hacer, ni más ni menos. Podría decirse que somos personas reales en todo solo en la medida en que seamos libres... incluso libres para rechazar a Dios. Sin embargo, aquí nos estaríamos saliendo del círculo de la certeza bíblica y entrando al reino de la especulación.

En este punto, debemos considerar un asunto mucho más urgente. Si olvidas todo lo demás que he dicho hasta aquí, no olvides lo que voy a decir ahora.

El pecado de Lucifer se ha repetido una y otra vez a lo largo de la historia. Se repitió en Adán y Eva cuando creyeron la mentira de la serpiente y quisieron ser iguales a Dios. Se repitió cuando el pueblo de Israel llegó a la tierra prometida, solo para darle la espalda a Dios y adorar a Baal. Se repitió otra vez cuando los orgullosos fariseos se negaron a arrepentirse y creer en el Señor Jesucristo, la luz verdadera de Dios, el único Mesías ungido y el único Salvador. Se repite cada día, cuando una persona no salva se niega a someterse a la autoridad del Hijo de Dios. El pecado de Lucifer se repite una y otra vez cuando los no salvos se niegan a admitir que no pueden conocer a Dios por sus propias mentes, que no pueden alcanzar a Dios por sus buenas obras, que no pueden ser salvos por sus propios medios.

Incluso peor que eso, el pecado de Satanás también se repite entre creyentes. Por eso el apóstol Pablo advirtió a Timoteo que no dejara que un cristiano inmaduro asumiera una posición de liderazgo. No se trata de discriminación. Pablo no estaba hablando de madurez cronológica, sino de madurez espiritual. ¿Cuántos líderes cristianos hemos visto en Estados Unidos en los últimos veinte años que, a causa de su inmadurez, han sido motivo de escándalo? Pablo afirmó que a tal individuo debe mantenérselo fuera de la responsabilidad de liderazgo, "no sea que envaneciéndose caiga en la condenación del diablo" (1 Timoteo 3:6).

Así que estás avisado, quienquiera que seas (hombre o mujer, clérigo o laico, joven o viejo), nunca estás más cerca de Satanás, o más claramente bajo su control, que cuando el orgullo te maneja. El orgullo distorsiona tu juicio. Te hace codiciar cosas a las que no tienes derecho. Te separa de Dios. Ninguna tentación nos confronta con más persistencia o nos atrae más sutilmente que la del orgullo, porque Satanás se reproduce por medio de este pecado. Por tanto, que nadie "tenga más alto concepto de sí que el que debe tener" (Romanos 12:3), porque hacer esto equivale a pensar como el enemigo piensa.

> Así que estás avisado, quienquiera que seas, nunca estás más cerca de Satanás, o más claramente bajo su control, que cuando el orgullo te maneja.

A medida que aprendes acerca del enemigo, examínate en busca de rastros de orgullo: orgullo de conocimiento, orgullo de logros, orgullo de posición, orgullo de posesión, incluso orgullo en tu habilidad de frustrar a Satanás. Sea cual sea la forma que tome, el orgullo siempre te llevará a las puertas de la oficina de reclutamiento donde el diablo convierte a las ovejas en lobos.

No permitas que esto te suceda.

CAPÍTULO 2

EL ENEMIGO: PERFIL DE SIETE PUNTOS

Un hombre fue a su médico para un riguroso examen físico. —Doctor, dígamelo sin rodeos —le pidió después—. Puedo soportarlo. Solo dígame qué me pasa.

—¿Quiere saberlo de veras? —preguntó el médico.

—Claro que sí. No lo disfrace con lenguaje extravagante. Quiero la verdad en lenguaje claro. ¿Qué está realmente mal conmigo?

—Bueno, no hay nada malo con usted, excepto que es un perezoso.

—Está bien —dijo el hombre después de pensar durante un minuto—. Ahora deme el término médico para que yo pueda decírselo a mi esposa.

A pesar de la afirmación del hombre de querer la verdad en lenguaje claro, lo que en realidad quería era engañar a su esposa haciéndole creer que tenía una condición médica. El *engaño* es una de las principales armas de tu enemigo. Por ejemplo, mira cómo el libro de Apocalipsis describe la caída del diablo desde el cielo:

> Y fue lanzado fuera el gran dragón, la serpiente antigua, que se llama diablo y Satanás, el cual engaña al mundo entero; fue arrojado a la tierra, y sus ángeles fueron arrojados con él (Apocalipsis 12:9).

El diablo *engaña a todo el mundo*. Piensa ahora en eso. Esta es una hazaña. Ni siquiera el político más astuto podría lograrlo. ¿Qué ha hecho el enemigo para tener éxito? Algo que podemos ver de inmediato es que, como el vendedor perfecto, Satanás cree sinceramente en su propio producto. En el capítulo anterior, descubrimos que Satanás cree *merecer* la adoración debida a Dios. Es más, él ha caído por su propio orgullo. Antes de engañar a alguien más, se ha engañado por completo a sí mismo. El diablo realmente cree las falacias que vende a los demás.

Esto significa que nunca deberíamos esperar que el enemigo diga la verdad acerca del engaño. No te dará una palmadita en el hombro diciéndote: "Hola, Fulano de Tal, hola, Fulana de Tal, soy el diablo y voy a engañarte". ¿Qué sentido tendría? Satanás es demasiado inteligente para hacer eso. Noventa y nueve de cada cien veces ni siquiera sabrás que es el diablo el que está tentándote, y ni siquiera pensarás que estás siendo tentado.

Lamentablemente, la experiencia en liderazgo no siempre te hace resistente al engaño. Con los años, muchos cristianos destacados han sido ingenuos o débiles frente a la tentación. En pocas palabras, por eso tantas iglesias tradicionales y tantas escuelas que una vez fueron piadosas se desviaron de las intenciones de sus fundadores. Dirigentes sucesivos han escuchado sin querer la voz de Satanás y han llevado directamente a un callejón sin salida a las instituciones confiadas a su cuidado.

> Los líderes están tan expuestos al engaño como cualquier otra persona. Se necesita una clase especial de determinación para percibir y enfrentar los ataques del enemigo.

Esto no debería sorprendernos. El enemigo fija como objetivo los líderes cristianos, y a menudo los propósitos del diablo son seguidos tenazmente por ministros ordenados, ancianos de la iglesia, directores de escuelas y rectores de universidades. Los líderes están tan expuestos al engaño como cualquier otra persona. Se necesita una clase especial de determinación para percibir y enfrentar los ataques del enemigo. Pablo tenía este don. Con relación al diablo, escribió: "...no ignoramos sus maquinaciones" (2 Corintios 2:11). Él tenía la misma percepción instintiva de los métodos de Satanás que un detective experimentado podría tener de la mente criminal. Pablo entendía la filosofía de Satanás. Comprendía el carácter del diablo, deducía su propósito, percibía su método de operación.

¿Cuáles son entonces los rasgos característicos del enemigo? ¿Cómo reconocerlo? Debemos saber que mientras su disfraz permanezca intacto, el enemigo se moverá entre nosotros sin ser descubierto ni confrontado. Nos sorprenderá y tomará por sorpresa, y centímetro a centímetro, alma tras alma, relación tras relación, iglesia tras iglesia, invadirá el territorio de Dios en medio de la guerra invisible.

PERFIL DEL ENEMIGO

Por tanto, en este capítulo, quiero analizar siete realidades en cuanto al diablo, las que juntas nos darán un perfil esencial. Armados con este perfil, sabremos a quién estamos buscando, tendremos una descripción del enemigo y ya no pelearemos más contra un fantasma. Al estudiar al diablo y crear su perfil, evalúate en busca de señales de la obra del enemigo en tu propia vida. ¿Has comenzado a modelar en alguna manera tu estilo de vida según los engaños del diablo y no de acuerdo a las verdades de Dios? ¿Imitas al enemigo de Dios o te esfuerzas por imitar al Salvador de tu alma? ¿Engañas, calumnias y difamas, o animas, levantas y apoyas? Lee con cuidado y piensa bien.

Primera realidad: El enemigo hace cuestionar la autoridad

Al criarme en Egipto, oí muchas historias sobre la Batalla de El Alamein, realizada durante la Segunda Guerra Mundial en suelo egipcio.

En 1942 las fuerzas aliadas fueron incapaces de logar una victoria decisiva contra Rommel en el desierto occidental egipcio. A Rommel lo habían apodado el Zorro del Desierto porque, con mucha frecuencia y eficacia, superaba tácticamente las fuerzas aliadas. Finalmente, temiendo que Rommel los engañara, Churchill envió al mariscal Bernard Montgomery a asumir el comando aliado. Montgomery era un general autocrático y persistente. Churchill lo llamaba "indomable en la retirada, invencible de antemano, insufrible en la victoria". Este hombre en última instancia resultó más astuto que el Zorro del Desierto y ganó la Batalla de El Alamein. No obstante, ¿cómo lo consiguió? La respuesta es sorprendentemente sencilla. Montgomery descubrió que bajo el liderazgo anterior casi toda orden había sido cuestionada por oficiales subalternos hasta los niveles más bajos. En realidad, a los aliados los había paralizado el desacuerdo. De inmediato, Montgomery puso fin a esta situación. Bajo su liderazgo, las órdenes no se cuestionaban, ni se debatían o discutían... simplemente se obedecían. Y en eso consistió el secreto de la victoria.

> El diablo cuestionó la autoridad de Dios. Y ahora que ha sido expulsado del cielo, nada le gusta más que ver a otros haciendo lo mismo.

Un cuestionamiento de órdenes similar se encuentra en el corazón de la caída del diablo. Él cuestionó la autoridad de Dios. Y ahora que ha sido expulsado del cielo, nada le gusta más que ver a otros haciendo lo mismo. Satanás quiere que los cristianos estén paralizados, tal como estuvieron las fuerzas aliadas en la guerra contra Rommel, persistiendo en hacer que conviertan en *debate* una *orden*. Si dudas de eso, regresa al principio. Hojea las primeras páginas de tu Biblia y mira lo que sucedió en el primer encuentro entre la humanidad y el diablo. Observa en particular Génesis 3:1-7, la conversación entre la serpiente y Eva. A menudo cometemos el error de suponer que Adán y Eva fueron insensibles. No es así. Ellos vivían en una comunión con Dios más íntima que la de cualquiera de nosotros hoy día. Con el fin de derribarlos, Satanás debía usar toda su astucia. ¿Cómo lo hizo? Satanás, la serpiente, no confrontó a Eva con la verdad directa. No declaró: "Eva, si me obedeces en lugar de obedecer a Dios, tú y todos mis ángeles caídos irán a parar al lago de fuego que ha sido preparado para nosotros". Tampoco acusó directamente a Dios de mentir. En lugar de eso, planteó una pregunta:

> Pero la serpiente era astuta, más que todos los animales del campo que Jehová Dios había hecho; la cual dijo a la mujer: ¿Conque Dios os ha dicho: No comáis de todo árbol del huerto? (Génesis 3:1).

Observa que el diablo convirtió la orden en un debate. En realidad, manifestó: "Eva, ¿realmente lo dijo Dios de ese modo? ¿Lo escuchaste bien? ¿Le entendiste correctamente?". Sin hacer falsas acusaciones, consiguió que Eva debatiera la verdad del mensaje de Dios. Observa también algo más. Las versiones bíblicas castellanas describen a la serpiente como "astuta". Sin embargo, en el hebreo el significado literal de esa palabra es "cauteloso". Creo que esta segunda traducción es la mejor, pues sugiere que a la serpiente se la conocía no por su astucia (¿por qué entonces Eva le habría creído?), sino más bien por su cautela y confiabilidad. Eva habría puesto el mismo tipo de confianza en esa serpiente que tú podrías ponerla en un juez. La serpiente tenía buena reputación en todo el huerto. No se la conocía por ser imprudente.

Tampoco hay indicios de que la conversación de la serpiente con Eva causara sorpresa en la mujer. Por el contrario, parecía que se conocían muy bien, casi como viejos amigos. Cuando Eva escuchó a la serpiente, estuvo dispuesta a oír sabio consejo, sentido común, razón. Tal vez entonces, mediante el uso de la serpiente, Satanás pudo haber roto las defensas de Eva, porque sin duda ella conocía la orden de Dios. Conocía la voluntad de Dios. Conocía el amor de Dios. Conocía el compañerismo de Dios. Sin el mayor cuidado y la mayor sutileza, Satanás no podía esperar que Eva se persuadiera de intercambiar conocimiento divino por razonamiento natural, para hacer que cuestionara la orden de Dios.

Pero lo consiguió. Y tan pronto como el diablo presentó la posibilidad del debate, siguió discutiendo el caso por el otro lado, incluso muy suavemente: ¿Morirían *realmente* Adán y Eva si comían del fruto del árbol?

> Entonces la serpiente dijo a la mujer: No moriréis; sino que sabe Dios que el día que comáis de él, serán abiertos vuestros ojos, y seréis como Dios, sabiendo el bien y el mal (Génesis 3:4-5).

Hasta este momento, a Eva no se le había ocurrido que hubiera otra manera de ver el asunto. Sin embargo, ahora quedó expuesta a otra interpretación, una interpretación que no solo difería de la primera, sino que también (toma nota de esto) parecía tener lógica a su favor.

¿Por qué es tan importante esto? Porque en un debate, el argumento más lógico es el que *gana*. A propósito, este es el mismo argumento que el llamado grupo de presión homosexual está usando en las iglesias. Y a primera vista, ¿qué podría ser más lógico que la idea de que Dios tenía intenciones ocultas al ponerle prohibición al árbol, y que lejos de producir condenación, un mordisco al fruto conduciría a crecimiento e iluminación? Eva miró el árbol y vio que "…era bueno para comer, y que era agradable a los ojos, y árbol codiciable para alcanzar la sabiduría…", por lo que "tomó de su fruto, y comió…" (Génesis 3:6).

> Si el enemigo logra que debatas cualquiera de los asuntos establecidos en la Palabra de Dios, tiene dos tercios de la batalla ganada.

No obstante, en realidad Eva estaba acabada mucho antes de lo que parece. Se acabó en el momento que escuchó la pregunta de la serpiente, el momento que acordó tratar el mandato de Dios como algo para regatear.

Lo mismo se aplica hoy día. Si el enemigo logra que debatas cualquiera de los asuntos establecidos en la Palabra de Dios, tiene dos tercios de la batalla ganada. Eres hombre muerto. Si el diablo consigue que discutas lo bueno y lo malo de engañar en tus impuestos sobre la renta, ya ha ganado dos tercios del camino. Si el diablo logra que debatas lo bueno y lo malo de involucrarte emocionalmente fuera de tu matrimonio, ya ha ganado dos tercios del camino. Si el diablo consigue que discutas lo bueno y lo malo de poner en peligro tu caminar fiel con Dios, ya ha ganado dos tercios del camino. Si el diablo logra que discutas incluso la posibilidad de que el matrimonio pueda tener lugar entre parejas del mismo sexo, ya ha ganado dos tercios del camino.

Estos asuntos ya se han resuelto en la Palabra de Dios. Hay muchas cosas que podemos debatir legítimamente, muchas áreas en que el debate cuidadoso no solo es permisible, sino necesario. Pero en las cuestiones centrales de doctrina y moralidad, Dios ya ha hablado, y no hay duda respecto a lo que Él quiso decir.

Déjame darte seis ejemplos de asuntos que deberían tratarse como órdenes, pero que se han convertido en debates.

1. Aborto

El enemigo afirma: "¿No quiere Dios realmente que cada bebé nacido en este mundo sea un bebé querido?". Acepta eso, y Satanás ya habrá ganado dos tercios del camino para convertirte en asesino. ¿Por qué? Porque *no* ser deseado parece un destino tan terrible que, en comparación, el aborto parece un acto de misericordia.

> ¿Desde cuándo no desear a un bebé
> es una excusa para matarlo?

Millones de bebés son asesinados cada año en Estados Unidos porque "no son deseados". Pero ¿desde cuándo no desear a un bebé es una excusa para matarlo? El mandamiento de Dios es claro: "No matarás".

2. Infidelidad

El enemigo declara: "¿No quiere Dios que todo el mundo sea feliz?". Acepta eso, y ya habrás recorrido dos tercios del camino para divorciarte. *Felicidad* es una palabra mágica en Estados Unidos. Todo el mundo quiere ser feliz. Todos creen que lo merecen. Por eso, ¿qué sucede si no eres feliz, si tu matrimonio te está haciendo miserable?

A menudo el enemigo pondrá una solución fácil en tu camino, señalando a alguien y susurrando: "Esa mujer allá, ese hombre allí. Si quieres la felicidad, libérate de tu cónyuge y empieza de nuevo".

Ahora bien, no estoy negando que un matrimonio puede terminar en un desastre desgarrador, pero si colocas la felicidad antes que todo lo demás, no solo te convencerás de divorciarte, sino que es probable que también arruines tu próxima relación. Es así como actúa el enemigo.

3. La Biblia

El enemigo expresa: "Sin duda, un Dios amoroso evitaría el sufrimiento". Acepta eso, y estarás a dos tercios del camino para socavar la autoridad de las Escrituras. Las historias que la Biblia contiene están llenas de sufrimiento, guerras y crueldad inhumana. Es una realidad que, en su sabiduría, Dios no interviene inmediatamente para evitar todo asesinato de bebés, toda masacre, todo acto de injusticia y explotación. La Biblia tampoco daría su aprobación para tal maldad.

Pero muchos cristianos no quieren averiguar lo que la Biblia enseña. Prefieren encuadernarla de dorado, hacerla desfilar de manera ceremonial de arriba abajo por el pasillo de la iglesia y soñar despiertos mientras la leen. Los ministros por lo general tampoco les ayudan. Un gran porcentaje de religiosos no creen que la Biblia sea autorrevelación de Dios.

4. Ir a la iglesia

El enemigo dice: "El infierno solo es un invento de predicadores fundamentalistas". Acepta eso, y estarás a dos tercios del camino de convertirte en un rebelde. Después de todo, hay muchas cosas que hacer un domingo por la mañana, además de ir a la iglesia. Puedes divertirte. Jugar golf. Leer el periódico. Salir a caminar. Además, el diablo sigue diciendo: "¿Cómo puede un Dios amoroso enviar seriamente a alguien al infierno? No es que realmente seas *malo*. Solo piensa en los miles de millones de personas que han rechazado a Jesucristo. ¿Crees que también se están yendo al infierno? Al menos eres miembro de una iglesia. Tu nombre está en la lista. Vas allá una vez al año. Si vas a parar al infierno, estarás en buena compañía".

Así tenemos hoy innumerables feligreses, con sus nombres en las listas de las iglesias, que niegan la esencia y el espíritu del evangelio.

5. Ordenación de mujeres

El enemigo opina: "Dios es un Dios de igualdad". Acepta eso, y estarás a dos tercios del camino para hacer caso omiso de los propios principios de Dios sobre liderazgo. Nadie niega que los hombres y las mujeres sean iguales en materia de salvación y en cualquier otra manera. Pablo escribió que en Cristo no hay judío ni griego, varón ni mujer (Gálatas 3:28). Pero en el ámbito de la autoridad en la iglesia, el principio es de papeles diferentes para hombres y mujeres.

La Biblia es clara; no hay lugar para discusión. Aférrate ciegamente al principio de igualdad, pase lo que pase, y tú mismo te encontrarás diciendo que Pablo odiaba a las mujeres, que tenía una obsesión judía con el liderazgo masculino, y que debemos distinguir en las epístolas entre lo que el apóstol Pablo dijo y lo que el rabino Pablo dijo.

6. Derechos de los homosexuales

El enemigo declara: "Dios no condena las relaciones amorosas homosexuales". Acepta eso, y estarás a dos tercios del camino de hacer caso omiso al diseño de Dios para el sexo y el matrimonio. Dios condena claramente en toda la Biblia la práctica de la homosexualidad, mientras elogia el matrimonio entre un hombre y una mujer. Por eso, el enemigo ha estado trabajando duro en nuestra sociedad, promoviendo la homosexualidad y socavando el matrimonio tradicional. A quienes se niegan a aprobar el matrimonio de homosexuales se los llama intolerantes.

> Dios es claro: debemos amar lo que Él ama y condenar lo que Él condena, sin que importe lo que la sociedad diga.

Pero Dios es claro: debemos amar lo que Él ama y condenar lo que condena, sin que importe lo que la sociedad diga. Recuerda esto: todos somos tentados a pecar. El poder del evangelio es que Dios nos fortalece para vencer tentaciones de todo tipo.

Segunda realidad: El enemigo va a la iglesia

Si crees que el enemigo va a atravesar las puertas de la iglesia y declarar: "Vaya, este no es un lugar para mí", te engañas.

Satanás ya se ha mudado a muchas iglesias donde ha introducido sus propias normas y ha conseguido que las acepten. Ha logrado que la falsedad se convierta en el evangelio de la gente. Ha colocado en el liderazgo a sus emisarios. Alguien dijo: "Satanás no pelea contra iglesias. Se une a ellas". Es verdad, porque hace más daño sembrando cizaña que esparciendo trigo. Él consigue más por infiltración que por ataque directo. Después de todo, la mentira más peligrosa es la que se asemeja a la verdad. En esta forma, el enemigo puede utilizar a las iglesias para llevar personas al infierno. Estas iglesias se convierten en frentes de operación satánica. Parecen iglesias verdaderas y vivas, pero están muertas y dotadas de falsos maestros. Permíteme decirte cómo funcionan.

Hay una técnica de ventas llamada "método de gato por liebre".

Con el fin de atraer compradores a su tienda, el minorista anuncia productos de marca conocida a precio muy bajo. Pero cuando el cliente llega para comprar esa marca, se le informa con mucho pesar que ya se agotó. Entonces se le ofrece una alternativa, una marca inferior que, sin embargo, cuesta más dinero. Es posible que nunca haya estado a la venta el artículo de marca que se usó para atraer al cliente a la tienda.

> La mentira más peligrosa es la que
> se asemeja a la verdad.

Créeme, así actúa el enemigo en las iglesias. Instala sus falsos líderes y maestros, quienes utilizan palabras y términos bíblicos para capturar y ganarse el oído de los feligreses. Hablan de Cristo, de la redención, de la cruz y de la resurrección, sin creer en ninguna de estas cosas. No se someten al evangelio. No viven bajo la autoridad del evangelio. Utilizan el lenguaje de la verdad, porque es el que atrae público. Pero no hay verdad allí y nunca la hubo.

Cuando a la iglesia llega alguien en busca de espiritualidad, al igual que el cliente atraído por el anuncio tipo "gato por liebre", no es confrontado con el verdadero evangelio, sino con una alternativa inferior, un esquema de creencia y de comportamiento contrario a la Palabra de Dios.

He visto esto en acción. Una vez me encontré con un ministro de la Costa Oeste, ya fallecido.

—¿Por qué en sus sermones usa usted tan a menudo la frase "el Cristo resucitado"? —le pregunté—. ¿Por qué sigue usando esa expresión cuando me ha asegurado que no cree que Jesús haya resucitado de la tumba?

—Sencillísimo —contestó—. En primer lugar, creo que el alma de Jesús resucitó exactamente como el alma de todas las demás personas que han muerto. En segundo lugar, a los pocos conservadores que dan la mayor parte del dinero realmente les gustan estas cosas.

El hombre se refería a los creyentes. Los llamó conservadores.

¿Sorprendido? No deberías estarlo. Los falsos maestros han estado en medio del pueblo de Dios desde tiempos antiguos. ¿Qué más eran los fariseos, sino falsos maestros? Cuando Jesús —la verdad, toda la verdad, la encarnación plena de la verdad de Dios—, estuvo en medio de los fariseos, ellos lo rechazaron. Escucha lo que Jesús les dijo: "Vosotros sois de vuestro padre el diablo, y los deseos de vuestro padre queréis hacer..." (Juan 8:44). Es horroroso pensar que estas palabras puedan aplicarse, acertadamente, a algunos líderes modernos de la Iglesia. Son falsos maestros, tal como fueron los fariseos. Presiden las mismas clases de jerarquía religiosa. Y son recibidos por el enemigo exactamente de la misma manera.

El apóstol Pablo le dijo a Timoteo: "El Espíritu dice claramente que en los postreros tiempos algunos apostatarán de la fe, escuchando a espíritus engañadores y a doctrinas de demonios" (1 Timoteo 4:1). Cuando paso tiempo en ayuno y oración delante del Señor, miro el mundo y veo lo que está pasando, me convenzo en mi propio corazón de que Satanás siente que su fin está cerca. Él sabe que pronto llegará el momento en que su engaño será puesto al descubierto y será lanzado al lago de fuego. Y mientras más nos acercamos a ese momento, más enciende el calor del engaño. Los cristianos son sus objetivos principales. Satanás está tratando de apoderarse del terreno estratégico alto en la Iglesia, porque desde allí puede desviar de la verdad a la gente. De modo lento y sutil, se niega la verdad de la Palabra de Dios.

> Estoy convencido en mi propio corazón de que Satanás siente que su fin está cerca. Y mientras más nos acercamos a ese momento, más enciende el calor del engaño.

Cuidado. No cometas el error de esperar demasiado poco de tus líderes, porque ese también es un truco del enemigo. Tengo un hermano precioso a quien amo mucho. Pero él adora en una de esas iglesias que niega el evangelio de Cristo. Un día me llamó.

—Escucha, buenas nuevas, ¡buenas nuevas! —exclamó lleno de emoción.

—¿Qué sucede? —le pregunté.

—En el sermón de ayer, nuestro ministro mencionó a Jesús por nombre. Ese es un paso positivo.

Debo confesarte que yo no sabía si enojarme o llorar. Sin embargo, encuentro que llorar es mucho más saludable que enojarme, así que lloré. No solo el enemigo había capturado esa iglesia, sino que había rebajado tanto las expectativas de la congregación, que ni siquiera los verdaderos creyentes de Dios esperaban algo diferente.

Tercera realidad: El enemigo desea satisfacer tus necesidades

En muchas ocasiones, he oído a cristianos en Estados Unidos expresar: "Me gustaría encontrar una iglesia que satisfaga mis necesidades".

Quiero decirte que este es un engaño puro y simple. No existe un alma viva hoy día que pueda satisfacer tus necesidades. El pastor no puede suplir tus necesidades. La directiva de la iglesia no puede satisfacer tus necesidades. Los maestros de escuela dominical no pueden suplir tus necesidades. Nadie más que Jesucristo puede satisfacer tus necesidades. Y, sin embargo, la gente va los domingos por la mañana preguntándose: *¿Qué puedo sacar de la iglesia? ¿Qué beneficio hay para mí en esta congregación? ¿Dónde está la recompensa?* Tienen la atención totalmente enfocada en sí mismos.

Pero para tener tus necesidades satisfechas, primero debes dejar de pensar en ti mismo. Tienes que adorar al Dios vivo, inclinarte delante de Él, honrarlo y glorificarlo. Debes manifestar: "Dios, tú eres el Creador del mundo, eres el Salvador de mi alma". Entonces, y solo entonces, tus necesidades podrán ser satisfechas.

No obstante, muchas congregaciones han comenzado a creerse suplidoras de necesidades. Han caído en la trampa del enemigo de preguntar qué *pueden* hacer como organización para satisfacer las necesidades de sus miembros. Poco a poco, Dios queda completamente fuera. Son como tenderos que creen que pueden satisfacer las necesidades de sus clientes mostrándoles los estantes vacíos. En última instancia, las necesidades de los que entran a la tienda se satisfacen por algo que viene de otros lugares. El tendero no cose la camisa, ni mata la vaca y la corta en filetes. Simplemente, vende los bienes que alguien más pone en la estantería.

¿Cuántos hemos tenido la experiencia de buscar algo en una iglesia, pero la hemos encontrado como una tienda que solo tiene estantes vacíos? Porque ninguna iglesia es perfecta. Siempre puedes encontrar fallas. Tal vez el ministerio de niños no es lo que esperabas que fuera. Quizá la reunión no es suficientemente cálida o animada para tu gusto, o es posible que sea demasiado cálida y animada. Cuando esperas algo de las demás *personas* en la iglesia, resultas desilusionado y, al desilusionarte, empiezas a envenenar a la comunidad con tu insatisfacción.

No es coincidencia que el Nuevo Testamento dé mucha importancia a la lengua. Santiago expresó:

> Pero ningún hombre puede domar la lengua, que es un mal que no puede ser refrenado, llena de veneno mortal. Con ella bendecimos al Dios y Padre, y con ella maldecimos a los hombres, que están hechos a la semejanza de Dios (Santiago 3:8-9).

Al chismorrear y extender rumores, difamando a otros, exteriorizando nuestras quejas, poniendo en duda las motivaciones de otras personas y haciendo falsas acusaciones, entregamos nuestra lengua al enemigo. La utilizamos para destruir la comunión de los santos. Generalmente, así empieza el proceso de una iglesia que va a colapsar o dividirse.

Dicho esto, es evidente cuándo una iglesia ama a Jesús; los miembros terminan ayudándose unos a otros. Eso es lo que se supone que debe hacer una iglesia neotestamentaria.

Reitero, ¿recuerdas las preguntas que te hice antes? ¿A quién te asemejas? ¿A quién imitas? ¿Al enemigo de tu alma? ¿O al Señor de tu vida?

Cuarta realidad: El enemigo es un falsificador supremo

Yo solía creer que la obra del enemigo se reconocería fácilmente, que sus métodos serían únicos, y que cualquier territorio del que se apoderaba estaría claramente marcado con su bandera. Me equivoqué. No soy inexperto; con excepción de un corto período de dieciocho meses en que me alejé, he estado caminando con el Señor desde 1964 y he tenido desde hace mucho tiempo un don de discernimiento. Y sin embargo, una y otra vez los emisarios de Satanás se me han acercado sigilosamente, porque el producto falsificado y el artículo auténtico pueden parecerse mucho.

No es casualidad. Según vimos en el capítulo anterior, el enemigo aparece como un ángel de luz. Su plan completo es imitar a Dios. Satanás quiere hacer creer que él es Dios. Incluso trató de derribar a Dios de su trono. Esto fracasó, y en consecuencia Dios lo expulsó de los cielos. Pero el diablo sigue creyendo en su propia divinidad e insistiendo en que otras personas también lo crean. Y en cierto sentido, esto es lógico, porque en esa parte de la creación que el enemigo controla, sus poderes se asemejan a los de Dios. Por eso la Biblia lo llama "el dios de este mundo".

Satanás sigue creyendo en su propia divinidad e insistiendo en que otras personas también lo crean.

La Biblia nos ofrece algunos ejemplos claros de la imitación que Satanás produce. Puedes verlo en la historia de Moisés delante de Faraón:

> Habló Jehová a Moisés y a Aarón, diciendo: Si Faraón os respondiere diciendo: Mostrad milagro; dirás a Aarón: Toma tu vara, y échala delante de Faraón, para que se haga culebra. Vinieron, pues, Moisés y Aarón a Faraón, e hicieron como Jehová lo había mandado. Y echó Aarón su vara delante de Faraón y de sus siervos, y se hizo culebra. Entonces llamó también Faraón

sabios y hechiceros, e hicieron también lo mismo los hechiceros de Egipto con sus encantamientos; pues echó cada uno su vara, las cuales se volvieron culebras (Éxodo 7:8-12).

La siguiente oración dice: "Mas la vara de Aarón devoró las varas de ellos". En otras palabras, no nos queda ninguna duda de la mala calidad de la destreza del enemigo. Sin embargo, no debemos menospreciar su capacidad para realizar una buena campaña publicitaria. En el libro de Apocalipsis, se nos advierte claramente respecto a la segunda bestia, la bestia de la tierra:

> También hace grandes señales, de tal manera que aun hace descender fuego del cielo a la tierra delante de los hombres. Y engaña a los moradores de la tierra con las señales que se le ha permitido hacer en presencia de la bestia, mandando a los moradores de la tierra que le hagan imagen a la bestia que tiene la herida de espada, y vivió (Apocalipsis 13:13-14).

Así que, si eres uno de esos cristianos que andan buscando milagros, ten mucho cuidado. Los milagros pueden ser falsos. Las personas que afirman obrar milagros están por todas partes, y que un hacedor de milagros esté parado en un púlpito no garantiza que venga de parte de Dios.

Nunca olvides: el diablo es un predicador. Es diabólico en su predicación, pero de todos modos es un predicador.

Nunca olvides: el diablo es un predicador. Es diabólico en su predicación, pero de todos modos es un predicador. Satanás predica otro evangelio, predica a otro Jesús, predica otro poder. Y todos sus demonios poseen la misma habilidad. Todos ellos tienen licencia y credenciales para predicar. Incluso admitirán algunas doctrinas periféricas con el fin de ganar tu consentimiento en negar el núcleo de la fe. Hablarán jovialmente durante horas sobre la importancia de comportarse de manera piadosa, mientras no se les exija declarar que la salvación solo viene por la sangre derramada de Cristo. Esa es la línea que ellos nunca cruzarán, porque en realidad es la línea frontal, la línea que divide las fuerzas del enemigo de las fuerzas de Dios. En Hechos 13, Elimas, el mago, se negó a cruzar esa línea. Recordarás que Bernabé y Pablo habían estado predicándole a Sergio Pablo, el procónsul de Pafos en la isla de Chipre.

> Pero les resistía Elimas, el mago (pues así se traduce su nombre), procurando apartar de la fe al procónsul. Entonces Saulo, que también es Pablo, lleno del Espíritu Santo, fijando en él los ojos, dijo: ¡Oh, lleno de todo engaño y de toda maldad, hijo del diablo, enemigo de toda justicia! ¿No cesarás de trastornar los caminos rectos del Señor? (Hechos 13:8-10).

Los motivos del conflicto son claros. Lucas, el escritor de Hechos, ya había dicho que el procónsul, "...llamando a Bernabé y a Saulo, deseaba oír la palabra de Dios" (v. 7). Elimas procuró "apartar de la fe" a este hombre. No lo hizo por mala voluntad o por accidente. Pablo fue directo al meollo del asunto cuando denunció a Elimas: "¡Oh, lleno de todo engaño y de toda maldad, hijo del diablo, enemigo de toda justicia! ¿No cesarás de trastornar los caminos rectos del Señor?".

Se nos dice que esa percepción venía directamente del Espíritu Santo. Era el don de discernimiento de Pablo. Él podía ver a través de la imitación. Podía distinguir el nombre de marca de la imitación barata, la copia del artículo auténtico. Se trata de un don que el enemigo prefiere que no tengamos, pero que nos hace mucha falta.

Quinta realidad: El enemigo detesta a los indigentes

Una vez fui al centro de la ciudad con un hermano cristiano. Vimos a un alcohólico sentado en un andén. Las rodillas de sus pantalones estaban gastadas, y las suelas de sus zapatos estaban sueltas. Mi compañero lanzó un suspiro y comentó: "Míralo. ¿No crees que es una obra maestra de Satanás?".

No estuve de acuerdo. Era indudable que el hombre estaba mal. Había que compadecerse de él, ayudarlo. Pero es un grave error pensar que el enemigo se enorgullece de un personaje como ese. Mucho más probable es que ante un alcohólico el diablo reaccione con disgusto y náuseas. ¿Por qué alguien que se cree Dios querría rodearse de indigentes de los barrios bajos? Satanás podría muy bien creerse un gran artista cuando de moldear destinos humanos se trata, pero para encontrar sus obras maestras, tendrás que buscar en algún lugar distinto de las alcantarillas.

La obra maestra de Satanás es alguien honorable, alguien respetable, alguien que es un líder comunitario, *pero que cree que no necesita a Jesucristo.*

La obra maestra de Satanás es alguien que inspira admiración, que tiene éxito, que es fuerte e independiente hasta el punto de hacer caso omiso a las afirmaciones de Cristo.

La obra maestra de Satanás es alguien con la personalidad de los medios de comunicación, y que utiliza todo el glamur de su posición para decirnos que la verdadera bondad significa promover derechos de los homosexuales y tomar una posición a favor de la libertad de abortar.

La obra maestra de Satanás es un obispo en la iglesia que declara: "La Biblia es un libro arcaico. Dios no juzgará a nadie. Vive como quieras".

Mira, cuando Satanás aparece como un ángel de luz, significa que desea que sus seguidores sean amables, gentiles y complacientes, que les guste la diversidad, el pluralismo y lo políticamente correcto. Más que nada, que sean *tolerantes.* Sin embargo, observa que ser tolerante, por lo general, *incluye* todas las formas de perversión sexual, pero *excluye* la vida piadosa según el modelo de las Escrituras. De ahí el clamor en contra de la oración en el nombre de Jesús, en eventos públicos.

Observa también cómo a la buena obra de creyentes cristianos no se le hace caso o se le da por sentado, mientras que los medios de comunicación ofrecen amplia cobertura a las obras benéficas de las estrellas de cine y los conciertos que promueven. Quienes creen en el Señor Jesucristo se dan a los demás todos los días en servicio desinteresado. Y sin embargo esto pasa casi totalmente inadvertido, mientras que las migajas que caen de las mesas de los ricos impíos son recibidas con fanfarria, como si solo a Hollywood se le pudiera dar el mérito por la salvación del mundo.

Es irónico que las filosofías adoptadas por los seguidores del enemigo, las filosofías de la evolución y lo políticamente correcto, sean tan lamentablemente inadecuadas. En realidad, afirman que los hombres y las mujeres pueden arreglárselas por su cuenta, que la perfección humana puede obtenerse sin la ayuda de Dios. Sin embargo, ¿qué está sucediendo mientras estas filosofías estrechan su influencia en el mundo entero?

Enciende el televisor y verás que los sociólogos y otros expertos están desconcertados por el crecimiento de la violencia, el aumento del crimen y la erosión de las normas. Lo único que pueden hacer es recomendar que se destine dinero a la problemática social. Que se aumenten presupuestos. Que se pongan más policías en las calles. Que se aprueben más leyes. Que se fortalezca el gobierno. Que se pongan normas educativas más altas. Nada de lo cual puede hacer más que alterar el problema, porque los análisis que hacen de este son equivocados. Las hipótesis subyacentes son erróneas. La humanidad no es perfectible sin la intervención de Dios. La respuesta a los problemas sociales no es mantener a Dios fuera de la vida pública; es dejar que Dios vuelva a entrar.

Pero no. El enemigo domina ahora los medios seculares de comunicación. Quiere hacer creer a sus seguidores la mentira de que pueden ser perfectos sin tener una relación con Jesucristo. Al proceder así, el demonio utiliza valores cristianos, como compasión, interés y comprensión, porque estos le proveen una cobertura ideal. Después de todo, ¿quién se pondría de su lado si supiera que el enemigo planea la ruina total de quienes le sirven?

El diablo no le dijo a Eva que comer del fruto haría que la expulsaran del Edén. Solamente le señaló las ventajas del fruto. Por consiguiente, está dentro de los intereses del enemigo mantener la ilusión de que servirlo es lucrativo, que todos tienen algo que ganar.

> La mejor obra de Satanás se encuentra
> entre personas hermosas que buscan
> ser perfectas sin Jesús.

Jamás caigas en la tentación de pensar que Satanás está en guetos y barrios bajos. Él asigna sus demonios más incompetentes a esos casos. Su mejor obra se encuentra en las escalas superiores, entre personas hermosas que buscan ser perfectas sin Jesús. Con mayor frecuencia, el diablo se encuentra entre aquellos que, como él, prefieren creerse dioses.

Sexta realidad: El enemigo disfraza la falsedad con verdad

Hace algún tiempo, leí una historia sobre un crítico británico de arte llamado Devine. Un día Devine llevó a su pequeña hija de pícnic a la playa, pero no lograba convencerla de que entrara con él a las frías aguas del Atlántico. Así que hizo una hoguera en la playa y calentó un poco de agua en una tetera. Cuando hirvió el agua, Devine tomó la tetera y con gran ceremonia vertió en el océano el agua hirviendo.

"Ahora está caliente, y puedes entrar", le comunicó a su hija.

La niña no vio un océano lleno de agua fría, sino la tetera llena de agua hirviendo. Y entró corriendo alegremente.

La historia ilustra cómo el enemigo nos tienta. Rocía con una gotita de verdad el océano lleno de falsedad. Pero lo hace con tal fanfarria que las personas solo ven la verdad y no la falsedad; y se meten a ese océano por millones, sin darse cuenta de que han sido engañados.

Déjame darte algunos ejemplos de cómo el enemigo puede usar la verdad para engañarte.

> El enemigo rocía con una gotita de
> verdad el océano lleno de falsedad.

1. En los negocios

Digamos que eres un comerciante cristiano y que deseas manejar tu negocio según los principios bíblicos. El enemigo se te acerca y te susurra: "Muy bien, muy bien. Los principios bíblicos son maravillosos. Merecen nuestro respeto, y no hay duda de que en el pasado han funcionado para todo tipo de personas".

Eso es cierto. Pero entonces él continúa: "Sin embargo, no te olvides que estos son tiempos modernos. Las cosas son diferentes ahora. Todo el mundo está un poco más cerca de esa meta final. Tienes menos espacio para maniobrar. Por tanto, si la competencia corta esquinas, tú tienes que hacer lo mismo. Aferrarte ciegamente a los principios te sacará del negocio. Y Dios no quiere que estés fuera del negocio, ¿verdad? Él quiere bendecirte".

Este es el antiguo argumento de que el fin justifica los medios. Pero parece convincente, porque ¿a qué le teme más un comerciante que a la insolvencia? Además, ¿cuántas causas buenas —como la familia, la seguridad de los empleados, la generosidad— puede un empresario cristiano señalar que sufrirán si el negocio quiebra?

2. En la vida personal

Todo el mundo tiene problemas. Si eres cristiano, llevarás tus problemas al Señor y buscarás que su poder y su sabiduría te muestren el camino que debes seguir. Pero los problemas jamás se resuelven con un chasquido de los dedos, y mientras tanto, te hallarás peleando contra la incertidumbre, el desánimo y la ansiedad.

—¿Es difícil la situación? —te susurra el enemigo al oído—.

¿Necesitas olvidarte de tus problemas por un tiempo? Tómate un trago.

No acabas de rechazar esta idea, cuando el enemigo se te acerca de nuevo.

—Recuerda que beber es bíblico.

—¿Bíblico?

—¿No lo leíste en la primera epístola a Timoteo? —explica el diablo—. "Ya no bebas agua, sino usa de un poco de vino por causa de tu estómago y de tus frecuentes enfermedades". Léelo tú mismo. Está aquí en 1 Timoteo 5:23. Si el apóstol Pablo permitió beber, seguramente está bien.

Una vez más, el enemigo está usando verdad. Pablo *sí* instó a Timoteo a que bebiera un poco de vino. Pero allí termina la verdad, porque un sorbo de vino tomado con fines medicinales no es lo mismo que beber un par de güisquis dobles porque la vida se te está viniendo encima. No te sorprendas si el enemigo te cita las Escrituras. Después de todo, se las citó a Jesús durante la tentación en el desierto. Y el enemigo conoce bien sus Escrituras.

3. En citas

Imagínate una persona soltera que ha orado fervientemente a Dios por un cónyuge, pero cuyas oraciones parecen no haber sido oídas. El enemigo se solidariza y dice: "¿Conque Dios no ha contestado tus oraciones? Eso está muy mal".

Es verdad. Y luego el diablo pasa de una verdad a algo más. "Tal vez no estás entendiendo bien a Dios. Podría ser que él realmente quiera que tú sí salgas con alguien que no sea creyente. De ese modo, tú tienes una cita, y Dios consigue un nuevo convertido. De todos modos, salir con alguien no es lo mismo que casarse. No tienes que hablar de matrimonio. Solo disfruta la cita".

He conocido muchas personas que han seguido este consejo y que se arrepintieron amargamente. Después de todo, no controlamos por completo nuestras emociones para impedir que una cita se convierta en algo más permanente. Y casarse con la persona equivocada es peor que no casarse nunca.

4. En el diezmo

La Biblia es absolutamente clara en cuanto al diezmo. Diezmar es como un impuesto. ¿Dejarías de pagar tus impuestos? Por supuesto que no. Sin embargo, innumerable cristianos echan a un lado a Dios. No le dan nada cercano a la décima parte de sus ingresos. Escuchan al enemigo que les susurra al oído: "¿Sabes? En realidad, Dios no necesita tu dinero. Después de todo, ¿no dice la Biblia que Él posee el ganado de mil colinas?". Muy cierto. Eso dice. Pero también nos dice que diezmemos.

"Ah —continúa el enemigo—, sin embargo, ¿qué pasa con todas las demás responsabilidades que Dios te ha dado? Debes ser prudente con tu dinero. Necesitas tener esta casa particular, debes tener este auto particular, necesitas esas cosas para la cocina, para el comedor y para la sala. ¿Quieres criar a tus hijos sin darles todas las ventajas materiales que sus amigos disfrutan?".

Eso golpea fuerte, ¿verdad? Hace algún tiempo, llevé a mi hija a la universidad, junto con los demás padres. Todos estábamos descargando cosas: libros, archivos, cajas, maletas, ropa, fotos, estéreos, discos, computadoras. Cada uno de nosotros parecía haber empacado media casa en la parte trasera del auto. Llevamos todo a los dormitorios de nuestros hijos en la planta alta, cuartos tan pequeños que fue una lucha hacer que todo cupiera. Como en el segundo o tercer viaje escaleras arriba, pensé en que somos una nación de cosas. No podemos arreglárnoslas sin cosas: cosas que en realidad no necesitamos, pero sin las cuales no soportamos estar. Y esto resulta ser un problema tanto para los padres como para los hijos.

> Dios no necesita nuestros regalos. Sin
> duda, no nos pide que demos por *su* bien.
> Nos pide que demos por *nuestro* bien.

"Después de todo —continúa el enemigo—, tienes que pensar en el futuro. Pensiones. Seguro. Hipoteca. Vacaciones. Dios sabe que no puedes cubrir todo eso *y además* entregarle el diez por ciento de tus ingresos. Solo pon un par de dólares en la bandeja cuando te la pasen el domingo por la mañana, para mostrar que estás haciendo tu parte. Pon un billete de diez dólares si quieres parecer generoso. Pero no utilices el dinero que necesitas para otras cosas".

Por supuesto, esta es la filosofía del avaro. Dar lo menos que podamos para otros, y guardar tanto como podamos para nosotros. No obstante, ¿qué nos dice la Biblia? Nos dice que hemos puesto patas arriba la verdad. Seguramente, Dios no necesita nuestros regalos. Sin duda, no nos pide que demos por *su* bien. Nos pide que demos por *nuestro* bien. Si desarrollamos un corazón dador y centrado en Cristo, si aprendemos a estirar el dinero que gastamos en nosotros a fin de que nos quede dinero para dar, seremos bendecidos. Esa bendición es la que el enemigo está sumamente ansioso de quitarnos, una bendición que vendrá no solo en lo económico, sino en maneras que ni siquiera hemos soñado. Tan solo leamos al profeta Malaquías:

> Traed todos los diezmos al alfolí y haya alimento en mi casa; y probadme ahora en esto, dice Jehová de los ejércitos, si no os abriré las ventanas de los cielos, y derramaré sobre vosotros bendición hasta que sobreabunde (Malaquías 3:10).

Séptima realidad: El enemigo nunca ataca de frente

Hay algunos pecados que todo creyente condena. Son los que podrían llamarse grandes pecados morales: infidelidad, falta de castidad, deshonestidad, falsa creencia. Los grandes pecados morales tienen un efecto inmediato porque todo el mundo está de acuerdo en que son malos, y en la mayoría de los casos son muy evidentes. ¿Recuerdas lo que sucedió hace poco cuando algunos líderes cristianos fueron deshonrados a causa de adulterios secretos y transacciones financieras ocultas? Una vez que tales pecados salieron a la luz pública, nadie podía defenderlos. Nadie quería hacerlo.

Pero hay otros pecados que nunca salen en primera página. Los llamo *pecados socialmente aceptables*. Son socialmente aceptables porque la mayoría de ellos están tan extendidos, que los cristianos los han cubierto con una conspiración de silencio. Sin embargo, los pecados socialmente aceptables tienen el mayor efecto negativo sobre ti, tu familia y el cuerpo de Cristo. Son pecados que expresan conflicto en nuestras relaciones cotidianas comunes en la casa y la iglesia. Son pecados que suceden entre esposo y esposa, entre hijos y padres, entre compañeros de trabajo, entre miembros de la iglesia. Pecados como:

• chisme y murmuración
• espíritu crítico
• corazón no perdonador
• rebelión contra los principios de Dios en el matrimonio y el hogar
• renuncia del esposo a la responsabilidad espiritual en el hogar
• resentimiento de la esposa por el liderazgo espiritual del esposo
• negativa del hijo a la obediencia a sus padres
• deseos de autopromoción
• menosprecio a otros
• orgullo espiritual y celos
• división y rebelión contra la autoridad espiritual

Por ejemplo, podrías pensar que estás en una reunión de oración. Pero escucha lo que se dice. ¿Están en realidad orando juntos, o se están reuniendo para chismear y quejarse? Podrías tener una sesión de consejería. Pero escucha lo que se está analizando. ¿Hay algo más que una exhibición de resentimientos y amargura? ¿Y qué hay con el sermón? ¿Estuviste oyendo la verdad de Dios predicada desde el púlpito o, en realidad, se trató de un ejercicio de promoción personal y orgullo espiritual?

Debido a estos pecados socialmente aceptables, las situaciones que sirven para que creyentes se acerquen más en el Espíritu se convierten más bien en puntos de fricción y falta de armonía. Escucha con cuidado las palabras de Jesús. En las horas anteriores a su juicio y crucifixión, hizo una de las oraciones más importantes registradas en el Nuevo Testamento. Jesús oró a su Padre por todos sus discípulos, aquellos que ya vivían y los que aún no habían nacido:

> Mas no ruego solamente por éstos, sino también por los que han de creer en mí por la palabra de ellos, para que todos sean uno; como tú, oh Padre, en mí, y yo en ti, que también ellos sean uno en nosotros; para que el mundo crea que tú me enviaste. La gloria que me diste, yo les he dado, para que sean uno, así como nosotros somos uno. Yo en ellos, y tú en mí, para que sean perfectos en unidad, para que el mundo conozca que tú me enviaste, y que los has amado a ellos como también a mí me has amado (Juan 17:20-23).

Las frases "que sean uno" y "que sean perfectos en unidad" aparecen cuatro veces en este pasaje. Jesús pidió que los creyentes fueran *uno* entre ellos y que fueran *uno* con Dios. Solo en esa unidad el mundo verá y oirá el evangelio. La unidad de los creyentes es la mayor demostración del amor de Dios. Esa unidad es lo que llevará pecadores a Cristo. No solo predicar, aunque la Palabra debe ser predicada para que sea creída, sino vivir la Palabra en la unidad de la Iglesia.

La unidad de los creyentes es la mayor demostración del amor de Dios. Esa unidad es lo que llevará pecadores a Cristo.

Ahora bien, si alguna vez te sientes tentado a creer que Satanás es tonto, piénsalo de nuevo. Satanás no es tonto. Él sabe exactamente cómo contrarrestar la evangelización del mundo. Lo sabe porque ha escudriñado cuidadosamente la Biblia, más que muchos cristianos. Él sabe que para sofocar la extensión del evangelio, uno de sus objetivos principales debe ser socavar la unidad de los cristianos. De ahí que haga todo lo que está en su poder para conseguirlo. Cuando esposo y esposa tienen una discusión y se van a dormir sin perdonarse mutuamente (o al menos sin querer tratar el asunto), Satanás triunfa. Cuando dos creyentes en Jesucristo están en conflicto continuo uno con el otro, Satanás triunfa.

Sin embargo, si el enemigo confiara solo en el asalto frontal, si mostrara su verdadera personalidad, los creyentes que disciernen se reunirían, caerían de rodillas delante de Dios y comenzarían a orar. Y Dios les daría la victoria. Pero el enemigo es demasiado astuto para utilizar un asalto frontal.

Permíteme contarte una útil historia que oí en mi infancia, en Egipto.

Se cuenta que en el siglo v, un famoso hombre santo solía pasar mucho tiempo en oración en el desierto, tal como Jesús hacía. Al igual que Él, este hombre sufrió tentaciones. Tan justo era que el diablo envió toda una pandilla de demonios en una misión especial para atraerlo y hacerlo tropezar, haciendo cualquier cosa con el fin de lograr que este hombre de Dios cayera. Ellos usaron todos los métodos habituales. Pensamientos lujuriosos para hundirle el espíritu. Fatiga para alejarlo de la oración. Hambre para hacerle abandonar sus ayunos. Pero intentaran lo que intentaran, o que se esforzaran al máximo, una y otra vez sus esfuerzos quedaron en nada. Al final Satanás se enojó tanto por la incompetencia de sus secuaces, que los sacó del proyecto y se encargó él mismo.

Satanás les explicó a sus demonios: "La razón de que ustedes fracasaran es que utilizaron métodos demasiado toscos para tal hombre. Él no caerá ante un asalto directo. Ustedes deben ser sutiles y tomarlo por sorpresa. ¡Ahora vean al maestro en acción!".

Entonces el diablo se acercó al hombre santo de Dios y muy suavemente le susurró al oído: "Tu hermano se ha convertido en el obispo de Alejandría".

Al instante la barbilla del santo se endureció. Los ojos se le entrecerraron. Las fosas nasales se le ensancharon. ¿Obispo de Alejandría? ¿Su hermano? ¡Qué indignación!

Bueno, esta es una leyenda, no es una historia. Pero resalta un punto importante. Observa que los demonios que tentaron al hombre santo no llegaron a ninguna parte usando los grandes pecados morales. Él podía verlos venir a un kilómetro de distancia y también podía defenderse. Por tanto, ¿qué hizo Satanás? Utilizó un pecado socialmente aceptable. Incluso lo adaptó a la debilidad particular del sujeto. Sabía que este santo estaba protegiéndose contra las tentaciones de la carne, y que era inútil tratar de emboscarlo de tal modo. Así que se metió a hurtadillas usando envidia y orgullo espiritual. Hizo que pensara: *Vaya, yo soy el piadoso en la familia. ¿Por qué mi hermano llega a ser el obispo de Alejandría y no yo?*

Así que ten cuidado con los pecados socialmente aceptables. Satanás sabe que perderá si sale a la luz y pelea contra una iglesia bíblicamente sana que ama a Cristo. Por tanto, ni siquiera lo intentará. En lugar de eso, atacará desde otra dirección. Infiltrará en las iglesias gente que tenga orgullo espiritual, personas que estén poseídas con espíritus críticos, individuos que busquen promoción para sí mismos, sujetos que no puedan distinguir entre un verdadero ángel de luz y el ángel caído que se disfraza como ángel de luz. Y por medio de estas personas, comenzará a sembrar la semilla de la duda. Empezará a sembrar la semilla del descontento. Comenzará a sembrar la semilla de la división y del espíritu partidista. Y antes que te des cuenta, el liderazgo de la iglesia estará dando vueltas tratando de apagar incendios y perdiendo su fuego por Dios y por el evangelio.

Una de las tácticas más poderosas del enemigo es: *divide y reinarás*. Su esquema en la iglesia es dividir y gobernar, dividir y gobernar. Por la vehemencia con que se gritaban y se acusaban entre sí los delegados al consejo general de la denominación de mi padre en Egipto, hubo ocasiones en que me pregunté si se trataba de un sínodo general o de una reunión de la mafia. Pensé que tal vez esto tenía algo que ver con la cultura del Oriente Medio. Pero cuando me mudé a Australia, donde viví y ministré durante ocho años, encontré a cristianos luchando allí igual de duro… solo que con mayor cortesía.

> Satanás quiere que dejemos de luchar
> como soldados de la cruz y empecemos
> a pelear unos contra otros como soldados
> de nuestras propias opiniones.

Satanás quiere que dejemos de luchar como soldados de la cruz y empecemos a pelear unos contra otros como soldados de nuestras propias opiniones. Así la guerra se vuelve interna, y comenzamos a destruirnos unos a otros en vez de pelear contra nuestro verdadero enemigo.

EL ENEMIGO ACTÚA EN LA IGLESIA

Echemos un vistazo a algunos de los engaños que Satanás ha logrado difundir en muchas iglesias, despojando así a sus miembros del poder del evangelio.

Pornografía

La pornografía es una de las armas más insidiosas de Satanás. Se trata de un pecado adictivo, pero fácil de ocultar. Muchos cristianos se sienten incómodos cuando se menciona la pornografía. Podrían declarar: "Esto no es algo que debamos tratar entre gente educada". Pero Satanás usa nuestra incomodidad para su beneficio. Él quiere que los cristianos mantengamos oculto este problema. ¿Por qué? Porque la pornografía puede destruir tu carácter, tu matrimonio y tu iglesia.

¿Qué tan grave es el problema? La industria de la pornografía es dominante. Se calcula que el 12% de todos los sitios web son pornográficos. Eso es más de veinticuatro millones de páginas web. Cuarenta millones de estadounidenses visitan con regularidad páginas web pornográficas, y el 70% de los hombres entre dieciocho y veinticuatro años de edad visitan sitios porno al menos una vez al mes.[1] La industria está valorada en trece mil millones de dólares, más que los ingresos de Microsoft, Google, Amazon, eBay, Yahoo, Apple, Netflix y EarthLink combinados.[2] El enemigo usa esta enorme industria para corromper tanto adultos como niños. Nueve de cada diez muchachos se han expuesto a la pornografía antes de los dieciocho años, con un promedio de once años.[3] Satanás quiere que nuestros hijos tengan una visión distorsionada de la sexualidad. Él conoce Proverbios 22:6:

> Instruye al niño en su camino, y aun cuando fuere viejo no se apartará de él.

Si el enemigo puede lograr que nuestros hijos tengan desde temprana edad una visión distorsionada de la sexualidad, sabe que esa sexualidad se afectará durante los años venideros.

El diablo quiere que creamos que la pornografía es casi inofensiva, pero eso está lejos de la verdad. He aquí varias razones de por qué la pornografía es perjudicial, incluso mortal:

- Comercializa la sexualidad, pues enseña a la gente (hombres en particular) a ver el sexo como una transacción monetaria en lugar de un acto profundamente espiritual diseñado solo para el matrimonio.

- Distorsiona nuestros cerebros. Estudios científicos han mostrado que la pornografía no es una experiencia neutral.[4] Literalmente, reconecta el cerebro. La pornografía

---

1. En línea, www.techaddiction.ca/files/porn-addiction-statistics.jpg (recurso en inglés).

2. En línea, www.techaddiction.ca/files/porn-addiction-stats.jpg (recurso en inglés).

3. En línea, www.covenanteyes.com/pornstats/ (recurso en inglés).

4. "Ver pornografía no es una experiencia emocional o fisiológicamente neutral. Es muy diferente de mirar fotos en blanco y negro del Lincoln Memorial en un colorido mapa de las provincias del Canadá… La pornografía es en el fondo indirecta y pervertida, pero también es algo más. Es una promesa susurrada… El tiempo pasado con la pornografía impide al usuario involucrarse en relaciones verdaderas con personas reales que puedan satisfacer mejor sus necesidades" (William M. Struthers, *Wired for Intimacy: How Pornography Hijacks the Male Brain*, Downers Grove, IL: IVP Books, 2010, ubicación de Kindle 614).

crea senderos neurales en el cerebro que hace que los hombres vean a todas las mujeres como potenciales estrellas porno.[5] Donde Dios quiere que los hombres traten a las mujeres con santidad y pureza, como si fueran hermanas, Satanás utiliza la pornografía para convertirlas en objetos sexuales y arruinar la comunión cristiana.

• Crea falsas expectativas de intimidad entre hombres y mujeres, ya que lo que aparece en una pantalla no puede replicarse en un matrimonio.

• Destruye el carácter moral. Investigaciones han mostrado que ver pornografía con regularidad hace que nos solidaricemos con el adulterio y con el matrimonio entre personas del mismo sexo.[6] El enemigo usa este pecado para insensibilizarnos a otros males familiares y sociales. La pornografía lleva a la destrucción tanto de la familia como de la iglesia.

Todo esto puede ser desalentador. Pero la Palabra de Dios nos brinda información sobre cómo luchar contra la inmoralidad sexual, así como la esperanza de prevalecer sobre este mal. En un momento, te proporcionaré algunas instrucciones específicas del apóstol Pablo que ayudaron a una iglesia a enfrentar problemas similares. Pero primero déjame darte una visión general de lo que la Biblia dice en cuanto a la pornografía.

El término *pornografía* viene de la expresión griega *porneía*, que se usa más de veinticinco veces en el Nuevo Testamento. Se

---

5. "Con el tiempo, esas sendas neurales se ensanchan más a medida que se viaja por ellas de modo repetido con cada exposición a la pornografía. Se convierten en el sendero automático a través del cual se dirigen las interacciones hacia las mujeres. El circuito neural ancla sólidamente este proceso en el cerebro. Con cada mirada fija, la pornografía profundiza en el cerebro un desfiladero como el Gran Cañón, a través del cual imágenes de mujeres están destinadas a fluir. Esto se extiende también a mujeres que ellos no han visto desnudas ni que han participado en actos sexuales. En las mentes de estos hombres, todas las mujeres se convierten en potenciales estrellas porno. Sin darse cuenta han creado un circuito neurológico que les aprisiona la capacidad de ver a las mujeres correctamente, como creadas a imagen de Dios" (*Ibíd.*, ubicación de Kindle 790).
6. Paul Bedard, "Study: Watching Porn Boosts Support for Same-Sex Marriage", *Washington Examiner,* 4 de febrero de 2013 (http://washingtonexaminer.com/study-watching -porn-boosts-supportfor-same-sex-marriage/article/2520461). Recurso en inglés.

refiere a cualquier relación sexual ilícita, como adulterio, fornicación y homosexualidad, y sin dudas la producción y el uso de pornografía caen en esta categoría.[7] Jesús usa el término *porneía* en varios lugares, y en Mateo 15:19 la condena junto con malos pensamientos, homicidios, adulterios, fornicaciones, hurtos, falsos testimonios y blasfemias.

El apóstol Pablo utiliza *porneía* seis veces en su carta a los corintios. La iglesia en Corinto luchaba mucho con la conformidad al mundo griego y romano, que estaba lleno de inmoralidad sexual. He aquí cómo les dijo Pablo a los cristianos en Corinto que lucharan contra la inmoralidad sexual desenfrenada:

> Huid de la fornicación. Cualquier otro pecado que el hombre cometa, está fuera del cuerpo; mas el que fornica, contra su propio cuerpo peca (1 Corintios 6:18).

Esta es la instrucción de Pablo: ¡Huid! La palabra griega aquí es *feugo*, que significa "escapar (rehuir o salir corriendo) de algo repugnante, especialmente vicios". Otra definición es: "Salvarse poniéndose en retirada, escapar del peligro hacia la seguridad".[8] Pablo nos dice que la inmoralidad sexual es diferente de cualquier otro pecado. Es tan peligrosa que nuestra única opción es huir físicamente de ella.

¿Cómo entonces huimos de la pornografía? Incluso si no luchas con la pornografía, deberías pensar en poner filtros y en reunirte con un compañero de rendición de cuentas a quien entregues una lista de todos los sitios web que visites cada mes. Así como el enemigo usa la tecnología para difundir pornografía, los cristianos deberían usarla para protegerse de los efectos venenosos de la pornografía. Ni siquiera te coloques en una posición en que puedas tener acceso fácil y oculto a la pornografía. La tentación es demasiado grande, y las consecuencias, demasiado graves.

---

7. Léxico griego del NT (www.biblestudytools.com/lexicons/greek/kjv/porneia.html). Recurso en inglés.

8. Léxico griego del NT (www.biblestudytools.com/lexicons/greek/kjv/pheugo.html). Recurso en inglés.

Universalismo

El universalismo es la creencia de que Dios salvará a todos en el mundo entero.

Sí, a todos.

Toma solo un momento para darte cuenta del error de este punto de vista que le resta importancia al mal y se burla de la justicia. En el universalismo, hasta los dictadores asesinos consiguen ir al cielo. No importa qué hagas en esta tierra, ya que al final Dios te salvará. ¿Por qué entonces estos cristianos perseguidos mueren por su fe?

¿Para qué evangelizar? ¿Por qué incluso tratar de alcanzar a los "perdidos", ya que de todos modos se salvarán? El universalismo es un grave error que hace burla de la cruz y ofrece falsa esperanza a los incrédulos.

Movimiento desde adentro

El "movimiento desde adentro" (en inglés, *insider movement*) enseña que un musulmán que se convierte a Cristo puede seguir siendo musulmán, llamarse musulmán, recitar oraciones musulmanas en la mezquita, decir que no hay más dios que Alá; pero mientras crea en Jesús, es cristiano.

Este es uno de los movimientos más peligrosos en nuestra época. Así como el universalismo destruyó las principales denominaciones, este movimiento desde adentro tiene el potencial de destruir muchas iglesias evangélicas.

> El movimiento desde adentro está entre las enseñanzas más peligrosas en nuestro tiempo.

Esta peligrosa enseñanza no es nada menos que el antiguo sincretismo que abatió a Israel.

Siempre es bueno respetar costumbres y cultura locales; incluso el esfuerzo de contextualizar exitosamente el evangelio, como muchos otros han hecho, es algo bueno y aceptable. Pero extender enseñanzas herejes, como afirmar que Mahoma es un profeta y que los convertidos del islamismo no tienen que dar sus espaldas a esta religión antibíblica, es nada menos que negar el núcleo del evangelio. Existe una gran diferencia entre seguir costumbres locales y llegar a parecerse a tal grado a la cultura local que se deje de ser un cristiano profeso. Pablo nunca sacrificó sus creencias cristianas por las culturales. Los cristianos están llamados a distinguirse del mundo que los rodea, especialmente en la conducta que exhiben (Romanos 12:2; Efesios 2:1-10). Ya que el islam predica un evangelio falso, ¿cómo puede un cristiano fiel asistir con regularidad a la mezquita y entonar oraciones musulmanas?

Hipergracia

El movimiento de la hipergracia (llamado a veces gracia moderna) afirma tener un entendimiento nuevo y liberador del evangelio, que fue olvidado por Lutero y Calvino durante la Reforma Protestante. Los seguidores de la hipergracia quieren expresar que todo su movimiento tiene que ver con la *gracia*. ¿Qué podría estar mal con eso? ¿No es bíblica la gracia?

Los adherentes de la hipergracia creen que nunca debería hacerse a los cristianos un llamado a vivir en santidad. Afirman que si un cristiano es salvo, esa persona ya está totalmente perfeccionada en Dios. No hay necesidad de preocuparse acerca del pecado ni de pedirle perdón a Dios.

El problema no es que estas personas crean en la gracia, sino que no la toman suficientemente en serio. Si apreciamos la gracia de Dios, ¿no deberíamos obedecerle por gratitud? Y vez tras vez, Él nos llama a ser santos (Romanos 6:19; 2 Corintios 7:1; 1 Tesalonicenses 4:7; Hebreos 12:14). Cualquiera que afirme que no debemos realizar esfuerzos activos por llevar en nuestras vidas un comportamiento justo no está honrando al Señor.

Se dice que Charles Spurgeon ha repetido constantemente una declaración que dice algo así: "La gracia que no conduce hacia una vida santa no es gracia de Dios".

Siempre debemos permanecer vigilantes contra estos y otros engaños que Satanás está decidido a usar para socavar el cuerpo de Cristo, despojando a sus miembros del poder del evangelio. Como creyentes debemos llenar nuestras mentes con las verdades de la Palabra de Dios y modelar nuestras vidas según estas.

CAPÍTULO 3

CADENA DE MANDO DEL ENEMIGO

Allá en la década de los setenta, John Vaughan, quien formaba parte del Centro de Investigación de Megaiglesias y de la Universidad Bautista del Suroeste en Bolivar, Missouri, se hallaba en un vuelo de Detroit a Boston. No había puesto mucha atención al hombre en el asiento junto a él, pero después de un rato observó que había inclinado la cabeza y movía los labios como si estuviera orando.

—¿Es usted cristiano? —le preguntó Vaughan una vez que el hombre terminó.

—Oh, no —respondió el hombre, sorprendido—. Se ha equivocado. No soy cristiano. Soy satanista.

—¿Puedo saber por qué estuvo orando? —preguntó Vaughan con curiosidad.

—¿De veras quiere saberlo?

—Así es.

—Mi atención principal está dirigida hacia la caída de pastores cristianos y sus familias en el área de Nueva Inglaterra —comunicó el hombre, y después de una pausa le preguntó a Vaughan—. ¿Y a qué viene usted a Boston?

—Soy editor de *Journal of the American Society for Church Growth* [Revista de la sociedad estadounidense para el crecimiento de la Iglesia]. Vengo a Boston a participar en un seminario de pastores.

Vaughan describió su ministerio y sus propósitos para el reino de Dios, ¡y poco después el satanista indicó que debía regresar a su trabajo! ¿Te alarma tal historia? Debería hacerlo. C. Peter Wagner, quien registra este encuentro en su libro *Escudo de oración*, documenta cómo en todo el continente norteamericano se estaban reuniendo satanistas con el propósito específico de orar contra líderes evangélicos cristianos. Se concentraban en pastores clave alrededor de Estados Unidos con el objetivo de hacerlos fracasar. Tenían cadenas de oración a Satanás, y cada uno se responsabilizaba por una región particular. Oraban para que las familias de los evangélicos más destacados se destruyeran.

¿Por qué los evangélicos *más destacados*? La respuesta debe ser que el enemigo conoce la importancia de una estructura de mando. No solo estamos utilizando lenguaje descriptivo cuando hablamos de la Iglesia como un ejército y de los cristianos como soldados de Cristo. La Iglesia es en realidad una organización de lucha que sigue un plan de batalla, y que necesita líderes fuertes y visionarios para coordinar sus campañas. Satanás sabe que cuando un pastor cae, las ondas se extienden por toda la comunidad cristiana; pero que si un hombre solitario peca, solo él sufre las consecuencias.

Por eso, desde el punto de vista del enemigo, es mucho mejor ir tras una persona de influencia, el hombre de familia, el líder de la comunidad, el político nacional; porque la corrupción de un individuo como ese se derrite en todo su campo de influencia. Mientras más amplio sea ese campo de influencia, mayor será el daño causado por el pecado. ¿Quién puede olvidar a Adolfo Hitler, quien no solo arruinó a Alemania, sino que inundó a casi todo el continente europeo con la miseria de la represión nazi?

El enemigo comprende las estructuras de mando porque él mismo opera una de ellas. En realidad, la jerarquía demoníaca sigue y vigila de cerca a su contraparte angelical. Satanás también está en guerra. También tiene sus generales y sus comandantes de campo. También mantiene el orden y la disciplina en apoyo a sus dos objetivos de acosar a los cristianos y mantener a los no salvos espiritualmente ciegos. Las fuerzas satánicas son rebeldes que salieron del ejército angelical de Dios, llevándose con ellos no solo sus armas, sino también sus rangos y divisiones.

> Al organizar sus huestes demoníacas, Satanás
> no ha creado nada nuevo, porque él es incapaz
> de crear. Solo ha robado ideas ajenas.

El enemigo es un imitador. Ha copiado el orden angelical. Al organizar sus huestes demoníacas, Satanás no ha creado nada nuevo, porque él es incapaz de crear. Solo ha robado ideas ajenas. El diablo y sus políticos liberales tienen de este modo algo en común. Los liberales en esta nación nunca establecen grandes instituciones. Nunca empiezan grandes escuelas. Solamente las plagian de hombres y mujeres piadosos que las fundan. Así actúa el enemigo. Pero irónicamente, esto tiene una ventaja para nosotros. Si queremos entender la organización del enemigo, no podemos encontrar mejor manera para empezar que examinar el artículo auténtico: la jerarquía de los ángeles de los cuales se separó Satanás.

LA HUESTE CELESTIAL

Utilizamos a la ligera el término *ángel*. Le decimos a alguien: "Oh, eres un ángel". Tendemos a expresárselo más a menudo a mujeres, niñas pequeñas y bebés. Y lo solemos decir cuando han hecho algo que nos agrada. Todavía no he oído a un padre o a una madre llamar ángel a un niño que berrea o que lanza la comida sobre la mesa del comedor. En tales momentos, los padres utilizan otras palabras, pero no *ángel*.

Esto podría llevar a suponer que los ángeles son del género femenino, frágiles, relativamente débiles y ocupados sobre todo en hacer obras buenas menores. Este es sin duda el modo en que se los describe en muchos libros y películas. De alguna manera, nos hemos acostumbrado a imaginar a los ángeles con halos y alas, una imagen no suministrada por la Biblia, sino por antiguas pinturas religiosas y tarjetas navideñas.

> Los ángeles no son arpistas afeminados vestidos
> con sábanas. Son los infantes de marina de Dios.

La mayoría de los creyentes no comprende la naturaleza de los ángeles ni capta las actividades que realizan. No entienden la forma en que existen ni el propósito del reino angelical. Es más, en su mayoría los cristianos saben tan poco respecto a los ángeles verdaderos que, si se toparan con uno, les daría un ataque cardíaco. ¿Por qué otra razón el ángel que anunció el nacimiento de Jesús a los pastores comenzó diciéndoles: "No temáis" (Lucas 2:10)? La verdad es que los ángeles no son arpistas afeminados vestidos con sábanas. Son los infantes de marina de Dios.

Cinco cosas que debes saber acerca de los ángeles

1. Los ángeles tienen personalidades individuales.

Desde las películas de *Star Wars* (*La Guerra de las Galaxias*), nos hemos familiarizado con la idea de la Nueva Era, de que el bien existe en el universo como una fuerza nebulosa sobrenatural. Pero esto está lejos de la verdad. Las huestes celestiales no son impersonales ni una entidad única. Cada ángel es una persona individual con una misión individual que cumplir. Recuerda cómo empieza la historia de Navidad: "Al sexto mes el ángel Gabriel fue enviado por Dios a una ciudad de Galilea, llamada Nazaret" (Lucas 1:26).

No dice *un ángel*, sino *el ángel Gabriel*. Este ángel tenía un nombre y una misión. En realidad, parece que la especialidad de Gabriel es explicar las acciones de Dios, pues sabemos que también fue enviado a hablar con Daniel, quien declaró: "Oí una voz de hombre entre las riberas del Ulai, que gritó y dijo: Gabriel, enseña a éste la visión" (Daniel 8:16).

Por la Palabra de Dios, sabemos que los ángeles tienen personalidad, intelecto, sentimientos y libre albedrío. Tienen funciones diferentes, pero su obligación principal es administrar la voluntad de Dios y ejecutar el plan divino en nuestras vidas cuando nos sometemos al señorío de Jesucristo.

2. Los ángeles nunca mueren.

Todo ángel que Dios ha creado está vivo hoy día. Las apariciones de Gabriel a Daniel y María, separadas por cientos de años, indican que los ángeles no están sujetos por tiempos humanos. Además, Jesús nos enseñó que los ángeles viven según diferentes leyes físicas. Al responder la pregunta de los saduceos en cuanto al divorcio, declaró: "en la resurrección ni se casarán ni se darán en casamiento, sino serán como los ángeles de Dios en el cielo" (Mateo 22:30).

Jesús no quiso decir que hombres y mujeres *se convierten* en ángeles; esa mala idea viene de ver demasiados dramas sentimentales por televisión. Nos volvemos *como* ángeles en el sentido de que entramos a un reino donde no existe la muerte. Debido a que las filas angelicales no están mermadas por la muerte, no hay necesidad de un sistema de matrimonio y reproducción para mantener constante su cantidad.

3. Los ángeles tienen cuerpo.

Siempre que aparecen en la Biblia, los ángeles tienen forma física. Daniel le expresó a Gabriel: "Aconteció que mientras yo Daniel consideraba la visión y procuraba comprenderla, he aquí se puso delante de mí uno con apariencia de hombre" (Daniel 8:15). Esa palabra *apariencia* es importante. El cuerpo celestial no se parece al nuestro. Es un tipo diferente de cuerpo, diseñado para una clase distinta de reino y que funciona según reglas diferentes. Sin embargo, al igual que el nuestro, tiene forma, semejanza y peso. Pero es capaz de mucho más.

Vemos a Jesús vestido en uno de tales cuerpos después de su resurrección. Aunque Cristo aseguró a sus discípulos que no era un espíritu desencarnado, está claro que no necesitó abrir la puerta para entrar al salón donde ellos se habían reunido. En palabras de Lucas:

> Mientras ellos aún hablaban de estas cosas, Jesús se puso en medio de ellos, y les dijo: Paz a vosotros. Entonces, espantados y atemorizados, pensaban que veían espíritu. Pero él les dijo: ¿Por qué estáis turbados, y vienen a vuestro corazón estos pensamientos? Mirad mis manos y mis pies, que yo mismo soy; palpad, y ved; porque un espíritu no tiene carne ni huesos, como veis que yo tengo" (Lucas 24:36-39).

Los cuerpos celestiales también pueden recorrer grandes distancias a alta velocidad. Daniel afirma: "Aún estaba hablando en oración, cuando el varón Gabriel, a quien había visto en la visión al principio, volando con presteza, vino a mí como a la hora del sacrificio de la tarde" (Daniel 9:21).

Vemos lo mismo con Jesús resucitado. En un momento, estaba en Galilea y al siguiente, en Jerusalén. En un momento, estaba fuera de la tumba hablando con María, al siguiente estaba yendo a ver a su Padre antes de regresar al aposento alto. Los hechos aquí son más extraños y maravillosos que cualquier fantasía salida de Hollywood. Y mientras tratamos el tema, no caigas en todas esas tonterías de los *cazafantasmas* respecto a espantar espíritus malignos con rayos de electricidad. El cuerpo celestial es indestructible.

Incluso los ángeles *se ven* diferentes a las personas. A veces la diferencia es mínima, por lo que Daniel describió a su ángel visitante como "el varón Gabriel". No obstante, por lo general un ángel es un ser impresionante. Daniel describió de este modo a otro ángel:

> Su cuerpo era como de berilo, y su rostro parecía un relámpago, y sus ojos como antorchas de fuego, y sus brazos y sus pies como de color de bronce bruñido, y el sonido de sus palabras como el estruendo de una multitud (Daniel 10:6).

Tan aterrador era este ángel que su presencia afectó, incluso, a quienes no lo habían visto.

> Y sólo yo, Daniel, vi aquella visión, y no la vieron los hombres que estaban conmigo, sino que se apoderó de ellos un gran temor, y huyeron y se escondieron. Quedé, pues, yo solo, y vi esta gran visión, y no quedó fuerza en mí, antes mi fuerza se cambió en desfallecimiento, y no tuve vigor alguno (Daniel 10:7-8).

En una de sus novelas, C. S. Lewis describe un ángel visitante como un rayo de luz brillante tan recto que hace que todo lo demás allí parezca curvo. Sé cuidadoso con alguien que hable a la ligera de que se encuentra con ángeles. Si te topas con un ángel, *nunca* lo olvidarás.

4. Los ángeles tienen rangos diferentes.

Cuando Dios comenzó su obra de creación, no lo hizo con la tierra. Empezó con el reino angelical.

> Cuando Dios comenzó su obra de creación no lo hizo con la tierra. Empezó con el reino angelical.

Génesis afirma: "En el principio creó Dios los cielos y la tierra" (1:1). Cuando escribió a los colosenses acerca del papel de Cristo en la creación, el apóstol Pablo utilizó el mismo orden: primero cielos y luego tierra:

> Porque en él fueron creadas todas las cosas, las que hay en los cielos y las que hay en la tierra, visibles e invisibles; sean tronos, sean dominios, sean principados, sean potestades; todo fue creado por medio de él y para él (Colosenses 1:16).

Por cierto, muchas de esas personas que manifiestan: "Lo que no puedo ver no existe" van a quedar en ridículo cuando finalmente el mundo invisible sea revelado por Dios, y todos puedan verlo. Observa los cuatro términos que Pablo usa aquí para definir la jerarquía angelical: *tronos, dominios, principados* y *potestades.* Recuerda esas cuatro palabras, porque regresaré a ellas una y otra vez. Pablo colocó los rangos en orden descendente de jerarquía: *tronos, dominios, principados* y *potestades.* Las potestades ocupan el nivel más bajo. Son los soldados de infantería, los enviados a ejecutar los propósitos de Dios. Sobre ellos la jerarquía angelical se asienta como una pirámide donde cada nivel ejerce una esfera más amplia de influencia que la inferior. En la cima está Dios, quien ejecuta su voluntad y supervisa la administración de su universo por medio de los rangos de sus ángeles. Por eso, el Antiguo Testamento a menudo se refiere a Dios como Dios de los ejércitos. Él es el Comandante en Jefe de innumerables batallones de ángeles. A su palabra, se mueve todo el ejército. Sus órdenes las obedecen grandes cantidades de seres angelicales.

Está claro que Dios es un Dios de orden. Es un Dios de rangos. Dios no obra basado en el principio de igualdad, donde el líder solo es el primero entre iguales. Usa una cadena de mando. A Él le gusta el orden, y cuando las cosas están *fuera de orden*, puedes estar seguro de que Satanás es el responsable.

La jerarquía angelical se parece en su estructura a una empresa. Si trabajas en una gran compañía, tal vez quieras tener eso en mente. La próxima vez que estés tentado a quejarte de tu jefe, del jefe de tu jefe o del jefe del jefe de tu jefe, solo recuerda que Dios te ha puesto allí. Igual de importante, recuerda que Dios *los* ha puesto allí. Tu tarea es servir al Dios vivo. La empresa podrá pagarte un salario, pero tú debes hacer tu trabajo como para el Señor.

5. Los ángeles tienen misiones específicas.

Sin embargo, en otra forma la jerarquía angelical es muy *diferente* de una empresa. En muchas compañías, en particular en los niveles más bajos, las personas tienden a perder su individualidad porque casi todas hacen lo mismo. Se convierten en instrumentos en el proceso de producción. Sin embargo, no hay dos ángeles iguales, y sus *misiones* tampoco son las mismas. Cada ángel que Dios envía tiene un papel distintivo en la misión de proteger, preservar y cuidar a sus elegidos.

> Uno de los trabajos más cruciales de los ángeles es frustrar la campaña del enemigo para despoblar el cielo.

Uno de los trabajos más cruciales de los ángeles es frustrar la campaña del enemigo para despoblar el cielo. Si de Satanás dependiera, evitaría que todo hombre y toda mujer en la tierra llegaran al conocimiento salvador del Señor Jesucristo. Y cada vez que alguien se le escapa, cada vez que alguien acepta a Cristo como Salvador y empieza a vivir guiado por el Espíritu, Satanás se esfuerza al máximo para asegurarse de que esta persona permanezca ignorante en cuanto a él mismo y la Palabra de Dios.

La ignorancia es un arma poderosa en la armadura de Satanás. Por tanto, los ángeles de Dios a menudo hacen el trabajo de guardaespaldas, luchando contra los ataques y manteniendo abiertos los canales de comunicación. Todos los días se libran sobre tu cabeza batallas espirituales invisibles.

> Pues a sus ángeles mandará acerca de ti, que te guarden en todos tus caminos. En las manos te llevarán, para que tu pie no tropiece en piedra (Salmos 91:11-12).

¿No es emocionante todo eso? Nací como alguien sin importancia, y sin embargo Dios tenía un plan para mí. Él asignó sus ángeles para que me cuidaran. Ellos contrarrestaron mi insensatez cuando yo pensaba que podía alcanzar a Dios a mi manera. Rebatieron mi ignorancia. Me guiaron en medio de las trampas que el enemigo había puesto para evitar que yo llegara a conocer al Señor

Jesucristo como Maestro de mi vida. Y después de eso, los ángeles siguieron cuidándome día y noche.

No sé si eso te pasa, pero esa idea me emociona, en especial cuando me pongo detrás del volante de mi auto. No predico a menudo sobre mi mala conducción, es muy evidente, pero hace unos años llevé a dos de mis colegas en auto a hacer una visita pastoral. ¡Más tarde me dijeron que realmente habían visto en acción a mis ángeles!

> ¿Sabes que cientos de milagros ocurren a tu alrededor cada día, y ni siquiera eres consciente de ellos?

Dios usa ángeles para realizar milagros en tu vida. ¿Sabes que cientos ocurren a tu alrededor cada día, y ni siquiera eres consciente de ellos? Dios ha comisionado a sus ángeles, diciéndoles: "Bajen. Cuiden de él. Es mi hijo. Cuiden de ella. Es mi hija". Lee con cuidado la Biblia y descubrirás ángeles que aparecen en todo tipo de lugares, cumpliendo una misión para proteger a los hijos de Dios.

Poco después que el Espíritu Santo vino a la Iglesia, los apóstoles fueron encarcelados por los saduceos.

> Mas un ángel del Señor, abriendo de noche las puertas de la cárcel y sacándolos, dijo: Id, y puestos en pie en el templo, anunciad al pueblo todas las palabras de esta vida. Habiendo oído esto, entraron de mañana en el templo, y enseñaban… (Hechos 5:19-21).

Más tarde Pedro fue encarcelado por Herodes, mantenido bajo custodia y encadenado entre dos soldados.

> Y he aquí que se presentó un ángel del Señor, y una luz resplandeció en la cárcel; y tocando a Pedro en el costado, le despertó, diciendo: Levántate pronto. Y las cadenas se le cayeron de las manos. Le dijo el ángel:

Cíñete, y átate las sandalias. Y lo hizo así. Y le dijo:
Envuélvete en tu manto, y sígueme. Y saliendo, le se-
guía; pero no sabía que era verdad lo que hacía el ángel,
sino que pensaba que veía una visión (Hechos 12:7-9).

Poco después, una vez terminada su misión de escoltar a Pedro
hasta la intersección más próxima, el ángel desapareció.

Pedro, volviendo en sí, dijo: Ahora entiendo verda-
deramente que el Señor ha enviado su ángel, y me ha
librado de la mano de Herodes (Hechos 12:11).

Está bien en cuanto a los ángeles. ¿Qué hay de Satanás y su
ejército?

JERARQUÍA INFERNAL

Ya vimos que Lucifer fue expulsado cuando el orgullo se apo-
deró de él y lo llevó a rebelarse contra Dios. El intento de golpe
fracasó. ¿De veras? Esa no es la única manera de verlo. Satanás quizá
no destronó a Dios, pero a juzgar por las apariencias, alteró signi-
ficativamente el equilibrio de poder en el cielo. Al día siguiente de
la batalla, no menos de un tercio de los ángeles de Dios desertaron
y transfirieron su lealtad. Juan se refirió a este acontecimiento en
lenguaje pintoresco cuando escribió:

También apareció otra señal en el cielo: he aquí un
gran dragón escarlata, que tenía siete cabezas y diez
cuernos, y en sus cabezas siete diademas; y su cola
arrastraba la tercera parte de las estrellas del cielo, y
las arrojó sobre la tierra (Apocalipsis 12:3-4).

Juan imaginó a Satanás como un dragón, que embestía con
la cola mientras caía del cielo, sacando un tercio de las estrellas.
Estrellas se refiere a los ángeles. En realidad, la caída de Satanás
no fue una protesta solitaria. Se trató de una gran rebelión. Y sin
duda, basado en este "triunfo" sin precedentes en esta primera

batalla, el enemigo proyecta su victoria final. Un tercio de las huestes celestiales ya está detrás de él, y da por hecho que los demás lo seguirán pronto.

¿Cómo hizo Satanás para convencer a tantos seres angelicales de que se le unieran? Las revueltas terrenales nos dan una idea de la clase de negociaciones que ocurrieron en los pasillos del cielo. Lucifer habría ofrecido toda clase de incentivos. Habría prometido el equivalente de ascensos y bonos, opciones de compra de acciones, un jet de la compañía, esquiar gratis en St. Moritz y una llave para el baño ejecutivo. A cada rango (tronos, dominios, principados y potestades) se le habría ofrecido una recompensa apropiada.

> El enemigo promete lo mejor y paga lo peor.
> Promete placer y paga con sufrimiento. Promete
> vida y paga con la moneda de la muerte.

Nada ha cambiado a ese respecto. Innumerables millones de personas en todo el mundo moderno siguen cayendo en esas mismas mentiras. El mismo enemigo promete lo mejor y paga lo peor. Promete honra y paga con deshonra. Promete placer y paga con sufrimiento. Promete beneficio y paga con pérdida. Promete vida y paga con la moneda de la muerte. Se trata del mismo enemigo. Y un tercio de todas las huestes celestiales se fueron tras él.

Pero aunque esto parezca un logro formidable, mantengamos las cosas en proporción. Aun cuando un tercio de la hueste celestial se haya unido a la oposición, esto significa todavía que por cada demonio que te acose, hay dos ángeles que te protegen. ¡Gloria a Dios!

Debemos saber tres aspectos acerca de la jerarquía infernal del enemigo

1. Las fuerzas del enemigo conservan todos los poderes dados por Dios.

Cuando Lucifer fue expulsado del cielo, estableció su reino y su gobierno en el único modelo que conocía. Había estado en la misma presencia de Dios. Día y noche estuvo delante del trono. Había observado cómo actuaba Dios. Así que, eso es lo que copió. Lucifer modeló su propia administración según la de Dios. En Efesios 6:12, el famoso pasaje respecto a guerra espiritual, Pablo escribió lo siguiente:

> Porque no tenemos lucha contra sangre y carne, sino contra principados, contra potestades, contra los gobernadores de las tinieblas de este siglo, contra huestes espirituales de maldad en las regiones celestes.

Observa que la cuádruple jerarquía de ángeles descrita en Colosenses 1:16 refleja exactamente esta cuádruple jerarquía de fuerzas demoníacas: *principados, potestades, gobernadores de las tinieblas y huestes espirituales de maldad*. Esto no es casualidad. Los títulos varían un poco, pero la estructura es la misma. Cuatro niveles de liderazgo demoníaco, con Satanás en lo alto (o si prefieres, en el *fondo*).

Satanás pudo haber perdido su inocencia cuando cayó, pero no perdió su inteligencia. Al igual que sus contrapartes celestiales, todos estos ángeles caídos tienen sus propias personalidades. Tienen sus propias características distintivas. Son inmortales y no están limitados por tiempo o espacio. La diferencia es que adoran a Lucifer en lugar de al Dios viviente.

2. El enemigo tiene agentes en tu caso.

Ten en cuenta que, aunque Satanás está al frente de una jerarquía y aunque se cree divino, no es Dios. Sus secuaces podrán tener las mismas capacidades de los ángeles celestiales, pero Satanás no puede imitar por completo a su Creador.

Por ejemplo, no es omnipresente. A diferencia de Dios, quien está presente en toda su creación, Satanás no puede estar en todas partes al mismo tiempo. No puede estar en tu casa y en la mía el mismo instante. ¿Qué hace él entonces? Sencillo. Utiliza sus demonios. Con la salvedad de la tentación a Cristo, donde se presentó en persona, Satanás no realiza tentaciones y acosos cotidianos más de lo que el presidente ejecutivo de Microsoft o General Electric contestaría llamadas en la central telefónica de la compañía. Él deja tales asuntos rutinarios a sus subordinados.

Pero no bajes la guardia en este punto. Estas criaturas harán todo lo que puedan, intentarán cualquier estratagema a su disposición con el fin de hostigarte, frustrarte y oprimirte. Pablo afirmó que nuestra lucha no es contra seres humanos. Eso es cierto. Pero tampoco es contra un vago principio de maldad, como los liberales nos harían creer. Los demonios están conscientes, activos y profundamente comprometidos con su tarea.

No estamos tratando con gente que marca tarjeta a las ocho de la mañana, disfruta media hora de almuerzo y dos pausas para tomar café, y luego vuelve a marcar tarjeta a las cuatro y media. No tratamos con personas que toman vacaciones de seis meses dos veces al año. No estamos tratando con personas que viven de la beneficencia, que pueden sentarse a esperar el próximo cheque del gobierno. Me gustaría que ese fuera el caso.

Los demonios son muy disciplinados, están bien armados y son ciegamente obedientes a Satanás. Debes estar vigilante. No puedes darte el lujo de decirte: *Bueno, ahora puedo bajar mi guardia por un momento, porque Satanás y sus demonios están en alguna otra parte.*

Los demonios tienen muchas ventajas. Al poseer cuerpos espirituales, no están limitados a espacio ni tiempo. Pueden seguir tus pasos, ponerte trampas y vigilarte dondequiera que vayas. Tratarán de socavar tus planes. Invadirán tu vida de oración. Interrumpirán tus pensamientos. Obstaculizarán tu testimonio y te desanimarán en todas las formas que se les ocurran. Y muy a menudo, utilizarán a tus amigos y familiares para lograrlo.

3. El enemigo está adentro.

Hace años un hombre fue a una fiesta de disfraces vestido como el diablo. Tenía puesto un leotardo rojo de cuerpo entero, completo con cachos y cola. En su camino a la fiesta, su automóvil se detuvo en una carretera rural. La única luz que podía ver venía de un edificio a través del campo, una iglesia, así que se dispuso a tocar la puerta, olvidando cómo estaba vestido y pensando: *Estos cristianos pueden ayudarme a arreglar mi auto.* Sin embargo, tan pronto como atravesó la puerta, todos entraron en pánico. Se lanzaron por las ventanas y salieron por la puerta trasera, hasta que solo quedó una persona, una ancianita que se paró allí desafiante con su bastón. Él la miró. Ella lo miró. Luego la anciana lo señaló con el bastón y le comunicó: "Ahora escucha, diablo. Yo pude haber sido miembro de esta iglesia durante quince años, ¡pero he estado de tu parte todo ese tiempo!".

Esta podría ser una historia cómica, pero muchos cristianos de toda edad y antecedente permiten que el enemigo los use.

Esto es lo más triste. Los cristianos que no resisten al diablo, que no huyen de la tentación, en realidad están fraternizando con el enemigo. ¿Has pensado en eso? En cualquier ejército regular, ayudar al enemigo es un acto de traición. Compareces ante un consejo de guerra y te fusilan. Aun así, ¿cuántos cristianos profesos son culpables de traición espiritual? ¿Cuántos cristianos profesantes actúan en una forma que hiere o atribula a los creyentes? Tal vez no lo hagan a propósito; es probable que se sorprendan al saber que un demonio les ayudó a poner el pensamiento en sus mentes. Pero así ocurre en la guerra invisible. No solo somos soldados, también somos el campo de batalla.

> Los cristianos que no resisten al diablo,
> que no huyen de la tentación, en realidad
> están fraternizando con el enemigo.

Después de predicar este mensaje en mi iglesia, se me acercó un amigo cercano y miembro fundador de la congregación, y me confesó: "¿Crees que Satanás estaba usándome hace diez años cuando te dije que no empezaras esta iglesia?". No me correspondía contestar directamente la pregunta, pero le cité el pasaje de los Evangelios, donde Pedro, de toda buena fe, trató de evitar la muerte de Jesús en la cruz:

Entonces Pedro, tomándolo aparte, comenzó a reconvenirle, diciendo: Señor, ten compasión de ti; en ninguna manera esto te acontezca. Pero él, volviéndose, dijo a Pedro: ¡Quítate de delante de mí, Satanás!; me eres tropiezo, porque no pones la mira en las cosas de Dios, sino en las de los hombres (Mateo 16:22-23).

Pedro no había planeado ir en contra de su Maestro. Y aunque estaba enfocado en las cosas "de los hombres" en su intento de impedir que Jesús muriera, sin duda no había contado con que el enemigo entrara en la ecuación. Pero Satanás estaba usándolo. Y si puede utilizar a Pedro, con certeza puede usar a cualquiera de nosotros.

LA VIDA EN LA ZONA DE GUERRA

A estas alturas, podrías pensar: *Esto es aterrador*. Y lo es para quien no pertenece a Jesús. Pero no debería ser aterrador para los hijos y las hijas de Dios. Esta es la noticia más importante. Porque los siervos fieles de Dios, los que no apagan ni contristan al Espíritu Santo, y no viven en desobediencia constante a Dios y a la Palabra, tienen ángeles de Dios observándolos y fortaleciéndolos para que vayan de victoria en victoria.

Podrías no verlos, pero los seres angelicales de Dios te rodean. Llevan a cabo la voluntad de Dios a tu favor. Están fieles a tu lado para protegerte, cuidarte y sustentarte hasta que llegues al cielo. Lo hacen porque eres heredero de la salvación, un príncipe o una princesa, un hijo o una hija del Rey.

> Podrías no verlos, pero los seres angelicales de Dios te rodean. Llevan a cabo la voluntad de Dios a tu favor.

¿Tiene la organización del enemigo algunas lecciones para nosotros? Creo que sí. El conocimiento que tengamos de la estructura de mando del enemigo debería animarnos instantáneamente en dos ámbitos.

1. Oración

En mi oficina, tengo una pintura que mi hija Sarah me regaló hace muchos años. Muestra a un padre arrodillado al lado de la cama de su hijo, orando. Fuera de la ventana, hay demonios tratando de entrar, pero un ángel del Señor les impide la entrada. Como padre quiero convencerte de la importancia de orar. Ponte de rodillas. Ora por tus hijos. Intercede por ellos y ofrece el sacrificio de alabanza y acción de gracias por ellos, incluso como hizo Job, porque cuando haces eso los ángeles de Dios harán fracasar los planes del enemigo. Cuando eres fiel en oración, el enemigo huye.

¿Has leído eso alguna vez en un libro sobre la crianza de los hijos? No en alguno que yo haya visto. No tengo nada contra los libros. Me encantan. Escribo libros. Y recomiendo a los padres que lean tantos como puedan tener en sus manos. Sin embargo, hay un conjunto de asuntos espirituales que la mayoría de libros sobre crianza, simplemente, no tienen en cuenta.

Así que cuando oigo decir a alguien: "Oh, el doctor Fulano de Tal ha sugerido un nuevo libro que te dice todo lo que debes saber", me hace sospechar. Lee todos los libros que puedas, pero reconoce que si no pasas tiempo de rodillas, orando, intercediendo e incluso llorando delante de Dios, no puedes dar a tus hijos la ayuda y la protección que realmente necesitan.

2. Obediencia

No tenemos equilibrio en la comunidad cristiana. Por un lado, tenemos gente en la iglesia tradicional, y más allá de ella, que prefiere creer que Satanás y sus huestes no existen. Por otro lado, tenemos personas que declaran: "Lo único que debes hacer es expulsar a los demonios, y se acaba el problema". Está claro que el segundo punto de vista se acerca más a la verdad. Pero decirlo de esa manera da la impresión de que, una vez expulsados los demonios, todo saldrá perfecto y el diablo ni siquiera llegará a estornudar en dirección a ti hasta que alcances la gloria. Te lo aseguro: no es tan fácil asustar a Satanás. Antes que te des cuenta, se levantará y volverá a acosarte, y te vencerá si no has hecho un compromiso completo de obediencia a Jesucristo y si no has cerrado todas esas puertas de las que hablé antes.

Decidí escribir este libro para presentar una visión equilibrada y bíblica del enemigo, una visión que afirme la existencia del diablo, pero que también afirme que la obediencia lo liquidará. *Espera* que Satanás te ataque, pero no cierres la puerta frontal de tu alma, mientras dejas todas las ventanas abiertas. Si tienes un punto débil, Satanás lo encontrará.

Por ejemplo, no importa quién seas o cuánto tiempo hayas pasado en oración, tarde o temprano un demonio llamado *pecados pasados* vendrá a tocar la puerta. Lo hará removiendo recuerdos de todo lo que has hecho mal en el pasado, o recordándote lo agradables que esos pecados fueron o haciéndote sentir culpable por ellos. Así debes tratar con tal demonio: *recuérdale* algo. Recuérdale su futuro, porque la Biblia afirma que el lago de fuego fue preparado especialmente para el diablo y sus ángeles. *Tus* pecados pasados no importan. Los de *él* sí.

De igual modo, si viene un demonio cuyo nombre es *temor*, toma la espada del Espíritu y háblale de las promesas de Dios para ti, tales como:

> Jehová está conmigo; no temeré lo que me pueda hacer el hombre (Salmos 118:6).

Recuérdale al enemigo la promesa de Jesús para ti, como uno de sus seguidores: "No temáis, manada pequeña, porque a vuestro Padre le ha placido daros el reino" (Lucas 12:32).

Cuando se te acerque un demonio llamado *preocupación* y te cargue con los afanes de este mundo, dile al enemigo: "Mi Jesús dijo que no me preocupara '...por el día de mañana, porque el día de mañana traerá su afán...'" (Mateo 6:34). Así obtienes la victoria.

Lo que *no deberías* hacer es olvidarte de Satanás, así como sucede con cualquier soldado en el frente que no puede olvidar a su adversario al otro lado de la línea. Si alegremente sigues tu camino, esforzándote —pero sin pasar tiempo llenando tu corazón y tu mente con la Palabra—, esforzándote mucho —pero casi sin orar—, descubrirás que en muy poco tiempo, semanas o incluso días, los demonios habrán atravesado las puertas que has dejado abiertas. Antes que te des cuenta, tu caminar cristiano se derrumbará como un suflé.

Obedece. No des por sentadas la misericordia y la gracia de Dios. No des lugar al enemigo para que obre en ti y por medio de ti. Pero si lo haces, recuerda que no todo se ha perdido. Porque esa es otra ilusión que al enemigo le gustaría venderte. Ningún cristiano es perfecto. Todos avanzamos en el reino por un sendero sinuoso. Lo que importa es que te coloques detrás de tu Comandante en Jefe. Si te sales de la línea y resultas golpeado, no te quedes allí. No tengas una fiesta de autocompasión. Simplemente vuelve a la línea y declara: "Perdóname. Volveré a caminar detrás de ti", y Dios te dará la victoria.

> No des por sentadas la misericordia y la gracia de Dios. No des lugar al enemigo para que obre en ti y por medio de ti.

Cada vez que el enemigo te pille, sin quererlo te hace un favor: te alerta de una debilidad en tus defensas. Por eso, cuando tropieces, lleva el asunto delante de Dios. Pregúntale: "Señor, ¿qué está pasando?". Él te mostrará algo en tu vida que no está alineado con su voluntad, algo que permite al enemigo un lugar por donde entrar. Luego cierra las puertas.

Nadie en la cadena de mando del enemigo puede derribar una puerta cerrada.

SEGUNDA PARTE

CONOCE CÓMO PELEA EL ENEMIGO

CAPÍTULO 4

EL ENEMIGO QUIERE ACABARTE

A l final de su primera epístola, Pedro, el primer líder de la Iglesia, escribió estas palabras:

> Sed sobrios, y velad; porque vuestro adversario el diablo, como león rugiente, anda alrededor buscando a quien devorar; al cual resistid firmes en la fe, sabiendo que los mismos padecimientos se van cumpliendo en vuestros hermanos en todo el mundo (1 Pedro 5:8-9).

Los que conocen el mundo de los animales salvajes afirman que hay tres ocasiones en que un león ruge. Primera, cuando un competidor entra a su territorio y trata de cazar allí. El rugido informa a los intrusos: "Este es mi territorio. Sal de aquí. Y quédate afuera".

Segunda, el león ruge si está atrapado en una tormenta. Al parecer, a los leones les disgusta el estrépito del trueno y el resplandor de los rayos.

Tercera, y a esto es a lo que creo que Pedro está refiriéndose en su epístola: el león ruge después de atrapar a su presa. Ha derribado un animal, y con rugidos hace saber su triunfo. Está diciendo: "¡Te tengo!".

Por las palabras de Pedro, podrías concluir que los cristianos estamos encaramados en un árbol alto con el diablo rugiéndonos desde abajo, tal como los perros ladran a un gato que no pueden atrapar. Pero esta no es la manera en que los leones se comportan. No rugen cuando están acechando o persiguiendo a su presa, ni anuncian su llegada tratando de asustarla. Su método es acercarse todo lo posible sin ser vistos, tan cerca que si la presa los ve es demasiado tarde. Luego saltan sobre ella.

La Biblia nos dice que el diablo "anda alrededor". Tranquilamente. Astutamente. En espera de su momento. Guardando su rugido para cuando tenga a su víctima y esta no pueda escapar.

La imagen de Satanás que Pedro nos ofrece no es placentera. No se supone que lo sea. Está destinada a mantenernos alerta.

SATANÁS, EL ADVERSARIO

Si tu fe en Dios por medio de Jesucristo es auténtica, Satanás es tu enemigo, sea que te guste o no. No puedes simplemente mantener la cabeza baja y fingir que no hay conflicto. ¡Estás en medio del peligro! Satanás es *tu* adversario. Tú y yo desarrollamos esta relación conflictiva con el diablo el día que dijimos sí a Jesús. En ese mismo instante de rendición, contrariaste a Satanás. Lo ofendiste. Al ser arrebatado de las garras de la muerte y el infierno, pateaste a Satanás en los dientes… y nunca te perdonará por ello.

No hay neutralidad en la actitud de Satanás hacia ti. Creyó que te tenía en sus garras, pero ahora eres libre. Cuando alguien se escapa de su reino, el diablo no encoge simplemente los hombros y expresa: "No importa, no se extraviará", sino que irá tras la presa con ansias de vengarse. Literalmente. No en persona, desde luego, porque recuerda que Satanás no es omnipresente y no puede estar en todas partes al mismo tiempo. Pero *sí* tiene innumerables asistentes demoníacos y está bien organizado. Así que reclutará demonios que trabajen en tu caso e ideará estrategias pensando que puede recuperarte.

Es probable que ya sientas esto. Si tus experiencias son como las mías, estarás de acuerdo conmigo en que el enemigo te saluda cada mañana y sigue obrando en ti todas las horas del día. Usa a sus ángeles caídos para perseguirte y provocar estragos en tu vida.

Quiere impedir que lleves una vida de fe, quiere evitar que vivas en obediencia a Dios y su Palabra. Quiere separarte de la provisión de Dios, de la misericordia de Dios y de la gracia de Dios.

Recordemos siempre que estamos en territorio enemigo. En el capítulo 2, dije que la Biblia llama a Satanás "el dios de este mundo" (2 Corintios 4:4, NVI). Eso es correcto; en esta parte del orden creado, el diablo gobierna. Los creyentes cristianos somos una fuerza invasora. Hemos desembarcado, nos hemos posicionado, pero el peligro nos rodea por todas partes. No olvidemos que estamos rodeados por adversarios invisibles, que desean hostigarnos.

> Recordemos siempre que estamos en territorio enemigo. Hemos desembarcado, nos hemos posicionado, pero el peligro nos rodea por todas partes.

Entras al auto con tu cónyuge, y el diablo se encuentra allí. Cuando tu cónyuge está sentado a tu lado, el enemigo se halla en el medio… aunque no puedas verlo. Vas a la iglesia, y él está ahí contigo. Algunas personas creen que cuando van a la iglesia, los demonios se quedan afuera. Olvídalo. Satanás y sus hordas entran allí contigo con el fin de empezar a hablarle a tu mente. Cuando la Palabra de Dios se planta en tu corazón, Satanás trata de arrebatarla.

Podría estar sucediéndote ahora mismo, a medida que lees este libro. Estos demonios te dicen: "No creas esto acerca de Satanás. En realidad, él no existe. Tienes suficientes problemas sin tener que preocuparte acerca de un diablo personal. Así que olvídate de eso. Eres una persona decente. No tienes que preocuparte respecto a Satanás".

Cuídate de negociar con el diablo. Corres el mismo riesgo del cazador que un día vio un enorme oso pardo. El cazador se puso el rifle en el hombro y estaba listo para jalar el gatillo, cuando el oso habló. Para su sorpresa, tenía una voz suave, casi hipnótica.

—Mira, ¿no es mejor hablar que disparar? —preguntó el oso—. ¿Por qué no nos sentamos a dialogar? Negociemos este asunto. ¿Qué es lo que realmente deseas?

El cazador bajó el rifle y reflexionó por un momento.

—Bueno, lo único que realmente quiero es un abrigo de piel —informó.

—¿Un abrigo de piel? —inquirió el oso—. No hay problema. Eso es bueno. Creo que es algo de lo que podemos hablar. Por mi parte, lo único que quiero es un estómago lleno. En realidad, tengo la esperanza de que podamos llegar a un acuerdo mutuamente satisfactorio.

Hablaron del tema. Empezaron a negociar.

No puedes negociar con Satanás más de lo que te sientas a intercambiar opiniones con un oso pardo. La idea de que todo el mundo tiene un poco de la verdad, y que solo hay que hacer que todo calce como en un rompecabezas, ha puesto de rodillas a las iglesias tradicionales. Satanás no está realmente interesado en el compromiso. Este solo es su modo de atraparnos. Por eso, después de un rato, la charla entre el cazador y el oso pardo terminó, y a este último se lo vio saliendo solo. Por medio de la negociación, se las había arreglado tanto para llenar su estómago como para darle al cazador un abrigo de piel.

Satanás tiene la intención de negociar. Mientras dormimos por la noche, él aún está trabajando hasta tarde, haciendo planes para el día siguiente. En medio de la noche, el león sigue rondando, paseando de un lado al otro, hambriento, decidido a conseguir su presa. Después de todo, los leones no acechan a su víctima por diversión. No se nos acercan furtivamente para que podamos fotografiarlos. El diablo está esperando que desarrolles pereza espiritual, y cuando lo hagas se moverá con la velocidad del rayo. Justo después que tenga su presa debajo de él, rugirá como si dijera: "¡Te tengo!". Lanzará el rugido de victoria, el cual le comunicará a todos los demás: "¡Quédense fuera de aquí! ¡Esta víctima es mía! Ahora déjenme solo para que pueda disfrutar los frutos de mi caza".

Ese rugido es un reto al Dios todopoderoso. Satanás declara:

"Dios, mira la devastación que he traído sobre uno de tus hijos". Recordemos que el objetivo de Satanás desde su primera rebelión ha sido tomar el lugar de Dios.

> Tú que decías en tu corazón: Subiré al cielo; en lo alto, junto a las estrellas de Dios, levantaré mi trono, y en el monte del testimonio me sentaré, a los lados del norte; sobre las alturas de las nubes subiré, y seré semejante al Altísimo (Isaías 14:13-14).

Satanás nunca ha renunciado a esa ambición. Y cada batalla, cada refriega que gana en la guerra invisible, cada éxito que marca en socavar tu fe y tu testimonio, lo hacen más seguro de que un día logrará su objetivo final. En su engaño, Satanás cree que se ha acercado un paso más para quitar a Dios del trono a fin de poder gobernar él mismo el universo.

Por eso, Pedro nos dio este consejo esencial: "Sed sobrios, y velad; porque vuestro adversario el diablo, como león rugiente, anda alrededor".

¿Por qué el apóstol habla de ser sobrios? Todos estamos conscientes de la desgracia que causa conducir en estado de embriaguez. He enterrado personas jóvenes que fueron víctimas de esta situación, y es indescriptible lo desgarrador que llega a ser. Conducir ebrio es una de las principales causas de muertes en nuestras carreteras. Una persona borracha es incapaz de evaluar adecuadamente su capacidad de conducir con seguridad. Se le altera la visión. Se le alteran las reacciones. Se le altera el control de sus miembros. Y sin embargo, se *siente* como un superhombre. La embriaguez crea la última forma de autoengaño.

Pedro dijo que el pecado es *como la embriaguez*. Puede adormecer nuestros sentidos espirituales hasta el punto de hacernos negar la existencia de una guerra espiritual. Las personas que no están espiritualmente sobrias no pueden ver con claridad las cosas desde la perspectiva de Dios. No viven por un conjunto de valores bíblicos.

Pedro les dijo a los creyentes que sean muy conscientes del diablo. Que tomen en serio la guerra invisible. Que sean conscientes de las trampas que el enemigo pone para agarrar a los incautos. Si eres un hijo de Dios que camina con Jesucristo, no seas negligente respecto al enemigo. No seas negligente, porque el enemigo quiere destruirte, destruir tu familia, destruir tu negocio, destruir todo lo que tocas. Esa es su intención. Él quiere *atraparte*.

> No seas negligente respecto al enemigo, quien quiere destruirte. Esa es su intención.

Desde luego, no eres el *único* a quien el enemigo quiere. A través de los siglos, los cristianos y sus líderes han sido el centro de atención de Satanás, y muchos piadosos eminentes en las Escrituras han caído bajo las tentaciones del diablo.

CREYENTES EMINENTES TAMBIÉN HAN CAÍDO

Veamos en la Biblia algunos de los creyentes que se entregaron a Satanás.

Josué perdió porque fue demasiado confiado

Todos conocen la historia de Josué y la batalla de Jericó. Cómo el pueblo de Israel subió a tomar esta ciudad fuertemente fortificada. Cómo el Señor le dio a Josué las instrucciones de no atacar de frente, sino de marchar alrededor de Jericó siete veces —una extraña táctica militar, por decir lo menos—. Y cómo al final de las siete vueltas, los israelitas hicieron sonar sus trompetas, y las fortificaciones de la ciudad se derrumbaron.

Sin embargo, no muchos han leído lo que sucedió a continuación. La Biblia nos lo cuenta:

> Estaba, pues, Jehová con Josué, y su nombre se divulgó por toda la tierra. Pero los hijos de Israel cometieron una prevaricación en cuanto al anatema; porque Acán

hijo de Carmi, hijo de Zabdi, hijo de Zera, de la tribu de Judá, tomó del anatema; y la ira de Jehová se encendió contra los hijos de Israel (Josué 6:27—7:1).

Eufórico por el triunfo, inconsciente del pecado en Israel y sintiéndose demasiado confiado, Josué envió espías a la siguiente ciudad. La actitud indiferente de los israelitas podía juzgarse ahora por el consejo de los espías y por la credulidad de Josué al seguirlo. Ellos informaron:

> No suba todo el pueblo, sino suban como dos mil o tres mil hombres, y tomarán a Hai; no fatigues a todo el pueblo yendo allí, porque son pocos (Josué 7:3).

Josué subestimó tanto la resistencia de los hombres de Hai como las devastadoras consecuencias del pecado de Israel. El grupo de asalto fue rechazado con treinta y seis muertos, y Josué quedó reducido a desesperación. Se postró delante de Dios y clamó:

> ¡Ay, Señor! ¿qué diré, ya que Israel ha vuelto la espalda delante de sus enemigos? Porque los cananeos y todos los moradores de la tierra oirán, y nos rodearán, y borrarán nuestro nombre de sobre la tierra; y entonces, ¿qué harás tú a tu grande nombre? (7:8-9).

No obstante, Dios terminó rápidamente con esa autocompasión. "Jehová dijo a Josué: Levántate; ¿por qué te postras así sobre tu rostro?" (7:10).

Pronto se descubrió el origen del problema. Durante el saqueo de Jericó, uno de los israelitas había ido contra la orden específica de Dios, cometiendo un pecado de codicia. Finalmente confesó:

> Acán respondió a Josué diciendo: Verdaderamente yo he pecado contra Jehová el Dios de Israel, y así y así he hecho. Pues vi entre los despojos un manto babilónico muy bueno, y doscientos siclos de plata, y un lingote de

oro de peso de cincuenta siclos, lo cual codicié y tomé; y he aquí que está escondido bajo tierra en medio de mi tienda, y el dinero debajo de ello (7:20-21).

Los israelitas encontraron rápidamente estos artículos, lo cual limpió al pueblo de su pecado. Hai cayó poco después. Podrías creer que este fue el final del episodio. Pero tan pronto como Josué derrotó a Hai, fue engañado al firmar un tratado con los gabaonitas. Una vez más, Josué actuó de manera impulsiva. Los israelitas hicieron lo que creyeron que era mejor, pero "no consultaron a Jehová" (Josué 9:14). Las secuelas de este error fueron graves. Josué debió haber destruido a los gabaonitas, pero por jurar en el nombre de Dios que los protegería, ató las manos de Dios y comprometió la seguridad a largo plazo de Israel. Casi puedes oír el rugido de Satanás: "Tengo a tu hombre. ¡Tengo a tu hombre!".

El éxito y el exceso de confianza siguen el movimiento de un péndulo: uno se balancea en el otro y regresa. Ten cuidado cuando hayas anotado una victoria sobre el enemigo; ese es precisamente el momento en que estás en mayor riesgo.

> Ten cuidado cuando hayas anotado una victoria sobre el enemigo; ese es precisamente el momento en que estás en mayor riesgo.

Josué cayó en la tentación. Igual hizo el gran hombre de Dios, el rey David.

David cayó porque dejó de estar vigilante

Te sugiero que pases unos minutos leyendo 2 Samuel 11, porque te enseñará mucho en cuanto a la tentación. Si alguna vez una persona pareció merecer confianza, lealtad y seguridad, fue David, un hombre bendecido por Dios, un hombre distinguido por ser conforme al corazón de Dios, un rey de Israel en el apogeo de su poder. Y sin embargo en este pasaje, lo vemos comportándose de un modo que no solo era impropio de un estadista, sino francamente villano. David tomó una sola decisión inspirada por Satanás, y de esa determinación fluyó un río de lujuria, codicia, adulterio, intriga, traición y finalmente asesinato.

Su decisión se describe en solo seis palabras: "pero David se quedó en Jerusalén" (2 Samuel 11:1). No parece un problema, ¿verdad? David se tomó un tiempo libre. Dejó que Joab, su jefe de estado mayor, se encargara de destruir a los amonitas y sitiar a Rabá mientras el rey regresaba a su palacio.

La Biblia no nos da una razón. Quizá David estaba cansado. Tal vez tenía otros asuntos pendientes. Es posible que quisiera probar las cualidades de líder de Joab. Simplemente, no lo sabemos. Pero por inocentes que fueran los motivos, esta decisión alejó a David de sus responsabilidades principales de liderazgo, pues dejó de ser sobrio y velar. No oyó al león acercándosele. No se preparó para la tentación. Una noche no podía dormir. Se levantó... y allí estaba la trampa, lista para dispararse.

¿Qué haces cuando pasas una noche sin dormir? ¿Te levantas y ves televisión, o te pones de rodillas y empiezas a bendecir a Dios y a orar? ¿Permites que tu reproductor mental de DVD repase los problemas del día anterior, o entonas alabanzas y bendices el nombre de Dios?

Casi todos los días, se nos presentan opciones como esta. Cada momento que no está conscientemente dedicado a algún fin piadoso está disponible para que el diablo lo use. Es como un espacio en blanco donde garabatear, un interludio silencioso para ser llenado de ruido. Por eso, una de las mejores maneras de evitar la tentación es llenar nuestra mente y curiosidad con algún proyecto positivo y constructivo. Si David hubiera atravesado la calle, habría estado en el templo de Dios. Habría estado a salvo. Pero no fue así:

> Y sucedió un día, al caer la tarde, que se levantó David de su lecho y se paseaba sobre el terrado de la casa real; y vio desde el terrado a una mujer que se estaba bañando, la cual era muy hermosa (2 Samuel 11:2).

Toda la triste historia del pecado de David se desarrolló desde ese momento. Hizo averiguaciones acerca de la mujer. Descubrió quién era. Durmió con ella. Betsabé quedó embarazada. David trató de disfrazar su adulterio haciendo regresar de la guerra al esposo de Betsabé, Urías, y emborrachándolo para que se fuera a dormir con la esposa. Por último, cuando Urías demostró ser más piadoso que David y se negó a dormir con su propia esposa para no poner en peligro el esfuerzo bélico, a sangre fría David dispuso su muerte.

Sin embargo, para entonces David había estado bajo el control de Satanás. Cuando subió las escaleras de la terraza de la casa real, cuando sus ojos se posaron en la mujer y se le aceleró el pulso cardíaco, Satanás activó su trampa y rugió: "Dios, atrapé a tu elegido". Después de eso, el resto fue inevitable. No voy a detenerme en las consecuencias. Basta decir que por un momento de pérdida de sobriedad y vigilancia, David trajo tragedia a su reino y deshonra al nombre de su Dios.

Josué cayó, David cayó, y Simón Pedro también cayó.

Pedro cayó porque subestimó sus defectos de carácter

Si alguna vez te sientes tentado a pensar que has echado todo a perder, que Satanás te ha alejado definitiva e irrevocablemente de Dios, reflexiona en la vida de Simón Pedro.

> Si alguna vez te sientes tentado a pensar que
> has echado todo a perder, que Satanás te
> ha alejado definitiva e irrevocablemente de
> Dios, reflexiona en la vida de Simón Pedro.

La fe de Pedro era firme y sincera. Y al final del ministerio terrenal de Jesús, cuando el Maestro había reunido a sus discípulos a su alrededor para la Última Cena, Pedro expresó esa fe con típico entusiasmo e irreflexión. El discípulo aseguró: "...Señor, dispuesto estoy a ir contigo no sólo a la cárcel, sino también a la muerte" (Lucas 22:33). Acababan de participar en la preciosa comida de

Pascua, en la cual Jesús había revelado que Él mismo era el Cordero pascual y que iba a morir por la redención y la salvación de la humanidad.

Pero esto no fue lo que inspiró el arrebato de Pedro. Justo antes que afirmara su fe en Jesús, el Señor había manifestado:

> Simón, Simón, he aquí Satanás os ha pedido para zarandearos como a trigo; pero yo he rogado por ti, que tu fe no falte; y tú, una vez vuelto, confirma a tus hermanos (Lucas 22:31-32).

Si vives en la ciudad, tal vez no aprecies el significado de la frase "zarandearos como a trigo". Ese no es un proceso agradable. La zaranda es un implemento redondo fabricado de madera, como de sesenta centímetros de diámetro, algunas veces más grande, con una fina malla de alambre en el fondo. La persona que zarandea pone el trigo en la zaranda, junto con paja, tierra y toda suciedad, y luego empieza a sacudir de manera vigorosa, lanzando el contenido al aire para que la paja pueda ser soplada. En el caso de Pedro, como sugiere la petición de Satanás, habría quedado muy poco trigo. Y aunque Jesús oró por el apóstol, el zarandeo fue muy minucioso.

No tengo que decirte lo que sucedió. Durante el juicio a Jesús, Pedro, quien le había prometido acompañarlo en la cárcel y la muerte, estaba tan asustado que negó incluso *conocer* a su Señor y Maestro. Y no lo hizo una sola vez, ni dos, sino tres veces, tal como Jesús había profetizado. "Y en seguida, mientras él todavía hablaba, el gallo cantó" (Lucas 22:60). Pedro había caído en la trampa de Satanás, a pesar de la advertencia de Jesús. Había estado vigilante para su Señor, pero no para su propia debilidad de carácter. Casi siempre oyes el rugido del león detrás del canto del gallo. Satanás estaba gritando: "Dios, tengo al principal apóstol de tu Hijo. ¡Lo atrapé!".

La Biblia nos informa que Pedro fue y lloró amargamente. Sin embargo, su zarandeo acababa de comenzar. Después del zarandeo del miedo, vino el zarandeo de la desconfianza en sí mismo y del odio por sí mismo. Me pregunto si Pedro pensó en suicidarse. Había traicionado a su amigo en un modo que no era muy diferente del de Judas. Pedro se había vuelto completamente inútil. ¿Estar deprimido no es exactamente eso? Como si la vida hubiera llegado a su fin. ¿Cuántos cristianos han quedado atrapados en esos sentimientos? Pero observa que Pedro sabía cómo arrepentirse, a diferencia de Judas, quien para el momento había lanzado sus treinta piezas de plata y se había colgado. El arrepentimiento es la respuesta. Jesús declaró: "Y tú, una vez vuelto, confirma a tus hermanos". Pedro se aferró a esas palabras y, después de la resurrección, las obedeció.

Veamos un ejemplo más, uno de los casos más perturbadores de ataque satánico en el Nuevo Testamento.

Ananías y Safira cayeron porque mintieron adrede

Leemos en Hechos 5 que los creyentes estaban vendiendo sus posesiones y poniendo el dinero a los pies de los apóstoles. Estaban entregando todo, porque eran tiempos difíciles. Sus enemigos expulsaban a los cristianos de sus casas, de sus trabajos y de sus comunidades a causa de la fe cristiana. No tenían otra opción que confiar unos en otros para todo.

La mayoría de ellos había presenciado la resurrección de Jesús. Y pensarías que si algún grupo de personas merecía ser llamado sobrio y vigilante, sería este. Sin embargo, dos de esos creyentes, un hombre llamado Ananías y su esposa Safira, vendieron un terreno y luego secretamente se quedaron con una parte de los ingresos. Habían aceptado a Jesús como su Señor y Salvador. Se habían comprometido a vender su tierra, pero tuvieron miedo. Quisieron seguridad. Abrieron las puertas del temor y el engaño. Y el enemigo entró.

Escucha lo que sucedió cuando Ananías trató de poner su regalo a los pies de los apóstoles:

> Y dijo Pedro: Ananías, ¿por qué llenó Satanás tu corazón para que mintieses al Espíritu Santo, y sustrajeses

del precio de la heredad? Reteniéndola, ¿no se te quedaba a ti? y vendida, ¿no estaba en tu poder? ¿Por qué pusiste esto en tu corazón? No has mentido a los hombres, sino a Dios (Hechos 5:3-4).

A diferencia de David, cuyo pecado inicial parece haber sido sin premeditación, Ananías y Safira pecaron de manera deliberada, con cuidadosa preparación. También su pecado parece haber tenido consecuencias más inmediatas y terribles: "Al oír Ananías estas palabras, cayó y expiró" (5:5). El mismo destino tuvo su esposa tres horas después. Esto plantea una pregunta importante: ¿Puede realmente Satanás devorar a los hijos de Dios, privándolos incluso de su salvación?

La historia de Ananías y Safira es ambigua en este punto. Pero vamos a 1 Juan, donde el apóstol escribió:

> Sabemos que todo aquel que ha nacido de Dios, no practica el pecado, pues Aquel que fue engendrado por Dios le guarda, y el maligno no le toca (1 Juan 5:18).

Una traducción más completa de la palaba *toca* es "que corta la unión vital". En otras palabras, Juan dijo que Satanás no puede romper el cordón de salvación que une al creyente cristiano con Dios. Hasta el creyente más descuidado, aquel que olvida una y otra vez ser sobrio y vigilante, no puede perder su salvación.

Dios ha hablado, y Satanás es impotente para cambiar eso. *Pero*, y este es un gran pero, Satanás puede devorar casi todo lo demás. Tu paz mental. Tu eficacia. Tu testimonio. Tu salud. Tus amistades. Tu matrimonio. Tu trabajo. Todo. Todo esto puede ser devorado por el león rugiente. El diablo no solo ruge, tiene colmillos. Puede masticarte tan minuciosamente que toda tu vida cristiana se convierte en un siniestro total.

Pedro no escribió: "El diablo es un tigre de papel". Pablo no dijo a los efesios: "Dejen a un lado la armadura de Dios, no la necesitarán". Santiago no dijo a los cristianos: "No se molesten en resistir al diablo, pues ni siquiera podrá acercárseles". Al contrario, una y otra vez se nos exhorta a resistir al diablo, a estar espiritualmente sobrios y velar, a ponernos la armadura de Dios, a vivir cada día en la plenitud de Dios y a orar todos los días en el Espíritu. Basados en esos mandatos, tenemos autoridad sobre el diablo.

> Dios ha hablado, y Satanás es impotente para cambiar eso. *Pero* Satanás puede devorar casi todo lo demás. El diablo no solo ruge, tiene colmillos.

A menudo he oído una declaración atribuida al gran reformador alemán Martín Lutero, que nos aconseja burlarnos de Satanás: "Por supuesto, la mejor manera de expulsar al diablo es usar las Escrituras, pero si él no cede al texto de las Escrituras, entonces búrlate de él, desprécialo, porque él no puede soportar el desprecio". Después de todo, es Satanás quien irá a parar al lago de fuego, no nosotros. En última instancia, la broma la paga él.

No obstante, el enemigo no ha renunciado; se esfuerza mucho por mantenernos débiles.

CÓMO EL ENEMIGO NOS MANTIENE DÉBILES

Muchos cristianos en Estados Unidos son espectadores neutrales e improductivos. Son salvos, pero su camino cristiano no conduce a ninguna parte, como un auto con las ruedas atascadas en el barro. Esto es profundamente satisfactorio para el enemigo. Numerosas tropas en el ejército de Dios nunca han recibido entrenamiento básico. Están de pie en la plaza del simulacro, flácidos, indisciplinados, perezosos y temerosos.

Desde el punto de vista del enemigo, los cristianos como estos son su mayor logro. Nos enteramos antes que Satanás no puede deshacer la obra de salvación en un creyente. Dios ha hablado, y Satanás es impotente para revocar la orden. Por tanto, el enemigo apunta a su segunda mejor opción, no el alma, sino la *eficacia* del creyente.

Si pudieras echar un vistazo al programa de fijación de metas de Satanás, encontrarías que uno de sus principales objetivos es evitar que los cristianos crezcan en la fe. Es impedirles que entiendan y apliquen la Palabra de Dios en sus vidas diarias. Es mantenerlos en las aguas turbias y poco profundas de la mediocridad, enfocados en sus problemas, en su dolor, en sus preocupaciones, en sus propios reinos diminutos. Estos cristianos nunca representarán una amenaza para él. Son soldados que no pueden disparar, combatientes que no pueden pelear.

> Uno de los principales objetivos de Satanás es evitar que los cristianos crezcan en la fe, es impedirles que entiendan y apliquen la Palabra de Dios en sus vidas diarias.

Jesús advirtió esto a sus seguidores en uno de los pasajes más conocidos en los Evangelios. Si crees conocer esta parábola tan bien que no necesitas volver a leerla, te aconsejo que levantes tu Biblia y encuentres Mateo 13:1-9, 18-23. Podrías sorprenderte de mi interpretación de la parábola de los suelos.

PARÁBOLA DE LOS SUELOS

Puedo oír que me corriges. La mayoría de las traducciones y los comentarios titulan este pasaje como la parábola del sembrador. Pero no se trata del sembrador. Tampoco de la semilla. Muy enfáticamente el enfoque del mensaje de Jesús se encuentra en el *suelo*.

Hay una buena razón para esto. Tanto el sembrador como la semilla están fuera del alcance del poder del enemigo. El sembrador es Dios mismo. La semilla es la Palabra de Dios. Y el escritor de Hebreos nos comunicó: "la palabra de Dios es viva y eficaz, y más cortante que toda espada de dos filos; y penetra hasta partir el alma y el espíritu, las coyunturas y los tuétanos, y discierne los pensamientos y las intenciones del corazón" (Hebreos 4:12).

Podría sorprenderte saber que Satanás está de acuerdo con esto. En ese sentido, él es un creyente, no porque someta su voluntad al Espíritu Santo (lo que absolutamente se niega a hacer), sino porque la amarga experiencia le ha demostrado lo que la Palabra de Dios puede hacer. Sabe que ella puede cambiar nuestras vidas. Sabe que puede convencernos de pecado. Sabe que puede juzgarnos y condenarnos. Sabe que puede animarnos y levantarnos. Sabe que puede lograr los propósitos de Dios en nuestras vidas. Satanás no se mete con la Palabra de Dios más de lo que tú o yo nos meteríamos con un taco de dinamita.

Por eso el enemigo utiliza una táctica diferente. No puede cambiar al sembrador. No puede cambiar la semilla. Así que juega con el terreno donde la semilla tiene que echar raíces, tratando constantemente de evitar que la Palabra de Dios brote y crezca en los corazones cristianos.

Tres tipos de suelo sirven al propósito del enemigo.

Suelo 1: A prueba de semillas

Los arqueólogos que excavaban una de las famosas pirámides de Egipto encontraron una vez un grano de trigo. Cuando realizaron pruebas, descubrieron con sorpresa que esta semilla había estado dentro de esa pirámide por casi tres mil años. Todo ese tiempo estuvo allí, sobre una dura roca sin hacer nada. Sin embargo, alguien ha calculado que si ese grano hubiera sido sembrado y cosechado, y vuelto a sembrar y cosechar durante ese mismo tiempo, ¡habría producido suficiente pan para alimentar ahora a todo el planeta durante dos días!

Pon cuidado a la primera parte de la parábola de los suelos, como la explicó Jesús:

> Oíd, pues, vosotros la parábola del sembrador: Cuando alguno oye la palabra del reino y no la entiende, viene el malo, y arrebata lo que fue sembrado en su corazón. Este es el que fue sembrado junto al camino (Mateo 13:18-19).

La frase "junto al camino" es importante. Esta tierra no está en medio del campo, sino en el borde. En otras palabras, este terreno muestra lo que puede sucederles a las personas que se mantienen marginadas de la iglesia.

¿Cuál es la naturaleza de ese terreno? Bueno, no sé mucho acerca de la agricultura estadounidense, pero puedo hablarte un poco respecto a la agricultura en el Oriente Medio, la cual Jesús tenía en mente cuando contó la parábola. Allá, una granja no está separada de otra por cercas o setos. Entre la granja del señor Hussein y la del señor Alí, encontrarás un camino estrecho, una franja de tierra, donde la repetida presión de pies y cascos la ha compactado y convertido en una costra tan dura que ni siquiera el agua de lluvia puede penetrar. En su estado natural, esta clase de suelo no está listo para recibir semilla. Si algunas semillas caen en este camino, simplemente se quedan allí, expuestas, desnutridas, sin sombra, esperando como arvejas en un plato de la cena, hasta que un pájaro hambriento caiga en picada y las consuma.

Observa cómo Jesús explica esta parte de la parábola. Este tipo de terreno es como la persona que *oye* la Palabra de Dios, *pero no la entiende*. Se le pone la carne de gallina en Navidad. Se le llenan los ojos de lágrimas cuando una tragedia golpea en alguna parte. Por lo demás, su corazón es tan duro como una roca. En ocasiones podría ir a la iglesia. Tal vez hasta llegue a leer la Biblia. Pero no retiene nada.

Quizá aquellos "junto al camino" imaginan que ya saben todo lo que la Biblia dice, así que no necesitan escuchar. Tal vez tienen tantas ideas fijas acerca de Dios que se niegan a escuchar algo nuevo. Es posible que no puedan concentrarse por más de unos cuantos segundos. O podría ser que olviden lo que han oído tan pronto como lo oyen.

Todos estos subterfugios son parte de la estrategia del enemigo para producir dureza de corazón. Y ninguno de nosotros es inmune. Con la ayuda de sus demonios, Satanás tratará de asegurarse de que la Palabra de Dios entre por un oído y salga por el otro. Intentará impedirnos que apliquemos la Palabra de Dios a una próxima decisión comercial. Tratará de hacernos sustituir la Palabra de Dios con sabiduría humana, la enseñanza bíblica con psicología, o el poder del Espíritu Santo con consejería. En todas estas maneras, intentará arrancar de nosotros la semilla de la Palabra de Dios antes que esta tenga la oportunidad de crecer y llevar fruto.

> Satanás tratará de hacernos sustituir la Palabra de Dios con sabiduría humana, la enseñanza bíblica con psicología, o el poder del Espíritu Santo con consejería.

El diablo tratará de hacer esto muy rápidamente. Si has visitado el Oriente Medio, habrás observado los cuervos. Vuelan dando vueltas en busca de algo que agarrar y luego, en forma súbita, ¡*zas!*, lo arrebatan y se van volando. Aquellos a quienes han arrebatado de este modo la semilla espiritual pueden desarrollar un sentido de inquietud e insatisfacción.

He conocido personas que van de iglesia en iglesia, de maestro en maestro, de consejero en consejero, de seminario en seminario, de retiro en retiro, sin que nada les ocurra por dentro. Satanás los ha convencido: "Lo único que necesitas es más semilla, más semilla, más semilla", cuando en realidad el problema no es la semilla, sino el terreno. Necesitan el arado del Espíritu Santo para romper el suelo de sus corazones y permitir que la Palabra de Dios eche raíces.

¿Cómo este primer tipo de terreno se vuelve a prueba de semillas?

1. Por medio del pecado.

El salmista afirmó:

> Si en mi corazón hubiese yo mirado a la iniquidad, el Señor no me habría escuchado (Salmos 66:18).

Si existe un pecado en nuestras vidas, y lo hemos justificado, toda la enseñanza y la predicación en el mundo no nos harán ningún bien. La única manera de avanzar es la confesión y la renovación. Por eso, comenzamos a adorar confesando nuestros pecados, para que podamos romper la tierra dura de nuestros corazones. Si allí hay algo de dureza, la confesión empieza a romperla a fin de que la Palabra de Dios pueda penetrar.

> Si existe un pecado en nuestras vidas, la única
> manera de avanzar es la confesión y la renovación

2. Por medio de amargura.

El escritor de Hebreos advirtió a los cristianos contra la "raíz de amargura" (12:15). Esta es una descripción adecuada, porque la amargura ingresa profundamente en el terreno de nuestros corazones.

Algunas plantas en las regiones desérticas del Oriente Medio se han adaptado a su ambiente seco enviando raíces hacia abajo a través de las rocas (¡a doce o quince metros de profundidad!) para aprovechar la humedad subterránea. Tales raíces no pueden desalojarse fácilmente.

De igual modo, albergar amargura hacia otra persona crea un cambio fundamental en lo profundo de tu personalidad. Te envuelves tanto en la injusticia que afirmas que han cometido contra ti, que no puedes ver algo más. Hasta el Espíritu Santo tendría problemas para atravesar. La Palabra de Dios rebotará en ti, aunque la leas veinticuatro horas diarias.

3. Por medio de liderazgo que da su brazo a torcer.

La iglesia promedio en Estados Unidos tiene alrededor de doscientos cincuenta miembros. Si el diablo quisiera alcanzar a toda la iglesia, necesitaría un mínimo de doscientos cincuenta demonios para hacerlo, un demonio para arrebatar la Palabra del corazón de cada creyente. Pero el diablo es un gran economista. Es mucho más económico ir tras el predicador. Le hará predicar una mentira, mientras que al mismo tiempo, convence a las personas de que están oyendo una exposición sincera de la Palabra de Dios. De ese modo, Satanás utiliza solo un demonio para lograr exactamente el mismo resultado. Consigue doscientas cincuenta personas por el precio de una.

Esa es una razón por la cual los ministros del evangelio se encuentran bajo ataque. Hace poco tiempo, un amigo me habló de una pelea en su iglesia. El pastor había estado en el mismo púlpito durante veinticinco años. No estaba predicando una mentira, pero la familiaridad con la congregación lo había vuelto complaciente, y ya no estaba retando ni inspirando a la membresía con la Palabra de Dios. Sin embargo, muchos miembros le dieron su apoyo incondicional, y cuando aquellos que pudieron ver lo que estaba sucediendo sintieron que era la voluntad de Dios que el pastor se fuera, la discusión entre las dos facciones casi divide la iglesia. Satanás tenía razón allí: divide y vencerás.

Cuando el primer plan de Satanás fracasa, pone en marcha un segundo plan: el principio del suelo superficial.

Suelo 2: Superficial

Si Satanás no puede evitar que la semilla germine, hará todo lo posible por impedir que la tierra la nutra, para que la semilla quede vulnerable a las condiciones climáticas extremas.

> El que fue sembrado en pedregales, éste es el que oye la palabra, y al momento la recibe con gozo; pero no tiene raíz en sí, sino que es de corta duración, pues al venir la aflicción o la persecución por causa de la palabra, luego tropieza (Mateo 13:20-21).

Este es el individuo que se emociona con el evangelio. Recorre el pasillo, firma la tarjeta de decisión y después va a la iglesia durante algunos meses. Cada vez que las puertas se abren, él está allí. Pero luego, su debilidad queda al descubierto.

Recibir la Palabra tiene un costo. Los miembros de la familia comenzarán a burlarse de ti. Dirán: "Hola, señor Predicador" o "aquí viene el Profeta". O un compañero de trabajo averiguará que has comprometido tu vida al Señor y empezará a decirles a todos: "Oigan, cuidado, aquí viene el predicador frenético. Mucho ojo". Estos comentarios son particularmente perjudiciales para los jóvenes, que son muy susceptibles a la presión de grupo. Sus amigos les dicen: "Bueno, ya no eres agradable. Ya no es divertido estar contigo".

A nadie le gusta la persecución. ¿Por qué entonces soportarla cuando puedes evitarla? Eso es lo que un demonio te susurrará al oído: "¿Sabes? La jugada inteligente es pasar a la clandestinidad con tu nueva fe. No hagas alarde de ella. Mantenla en silencio. De ese modo, no molestarás a nadie".

Incluso he oído a ministros afirmar: "Debes mantener tu religión entre tú y Dios. Después de todo, la religión está destinada a ser privada". Tentador, ¿verdad? En especial si un líder de la iglesia da su sello de aprobación. Pero mantener tu fe en secreto borra tu eficacia para Dios.

He visto que sucede.

—Nos vamos de tu iglesia —me dijo hace años una pareja.

—¿Por qué? —pregunté.

—Nuestros hijos no son salvos —explicaron—, y cuando llegan a casa en las vacaciones y traen a sus amigos, nos resulta muy embarazoso llevarlos a tu iglesia. La predicación es muy directa y muy dura. Queremos llevarlos a una iglesia donde oigan algunos sermones poco concretos.

—Como padre de cuatro hijos —les dije en ese momento—, puedo decirles que preferiría ver a mis hijos ofendidos y en el cielo, que apaciguados y en el infierno a causa de sermones poco concretos. Una persona no salva necesita que se le diga que está tan perdida como una cabra en una tormenta de granizo, y que necesita a Jesucristo. Si encuentra eso ofensivo, que Dios la bendiga. Al menos le diste la oportunidad de estar expuesta a la verdad.

Suelo a prueba de semillas, suelo superficial… si esos no funcionan, Satanás usa un tercer método para mantener débiles a los creyentes: suelo estropeado.

Suelo 3: Estropeado

Cuando el sembrador esparcía su semilla, la parábola nos dice que "...parte cayó entre espinos; y los espinos crecieron, y la ahogaron" (Mateo 13:7).

La tierra aquí es perfectamente buena. No está dura ni es superficial. Es suave, profunda, bien regada. Por derecho, la semilla debería brotar. Y exactamente por eso, el enemigo se esfuerza tanto por evitarlo. ¿Su estrategia? Asegurarse de que haya abundancia de *otras semillas* en el suelo, listas para competir con la semilla de la Palabra. Así lo explicó Jesús:

> El que fue sembrado entre espinos, éste es el que oye la palabra, pero el afán de este siglo y el engaño de las riquezas ahogan la palabra, y se hace infructuosa (Mateo 13:22).

Por lo general, pensamos en los espinos como preocupaciones y ambiciones materiales que atrapan gente que no puede deshacerse de sus ansiedades, o que buscan seguridad en sus patrimonios netos y no en su compromiso con Jesucristo. Sin embargo, casi siempre los espinos no son más que *actividades*.

Echa una mirada alrededor de la iglesia promedio y encontrarás cristianos que están atareados, atareados y atareados, sin nada que mostrar. Mira, si Satanás no puede arrancar de tu corazón la semilla de la Palabra, si con persecución no logra evitar que crezca, entonces te atrapará con actividades de tal modo que no tendrás tiempo de pensar en crecer o reproducirte en el reino de Dios. Satanás abrirá una nueva posibilidad de trabajo. Ampliará tu vida social. Te hará invertir en la bolsa de valores. Te dará importancia y fama, o te nombrará en otro comité. Ninguna de estas actividades es mala... ni siquiera los comités. Pero todas son distracciones de tu primer objetivo: crecer y llevar fruto.

Hablo por experiencia. En los dos primeros años de mi iglesia, estuve ajetreado. Finalmente, en el otoño de 1989, el Señor me tuvo en cama por dos semanas. No pude seguir con mis actividades.

Confinado a mi cama, no tuve alternativa. Y la preciosa voz del Señor fue muy clara para mí, pues me expresó: "No puedes servir a otros hasta que me hayas servido".

Echa una mirada alrededor de la iglesia promedio y encontrarás cristianos que están atareados, atareados y atareados, sin nada que mostrar.

Eso me dejó sin aliento. Yo creía que estaba haciendo lo mejor. Creía que mi *labor* era servir a los demás. No quiero decir que dejé mis devocionales. Incluso en mis épocas más atareadas, leí las Escrituras todos los días. Oraba. Pero como puedes ver, tenía un problema para decir no. Tomaba todo lo que me llegaba. Y el Señor tuvo que decirme que por mucho que trabajara, yo no era el cuarto miembro de la Trinidad. También tuvo que recordarme que el Espíritu Santo hizo la obra *verdadera*. Sería mejor que pusiera en perspectiva mis prioridades, porque una hora pasada en el arnés con el Espíritu Santo logró más que un año de luchar por mi cuenta.

Los ministros son los más culpables cuando de ir solos se trata. El pastor evangélico estadounidense promedio pasa menos de veinte minutos diarios en oración. Su contraparte en Corea del Sur pasa al menos noventa minutos. ¿Sorprende que Dios esté haciendo tan grandes cosas en Corea del Sur?

El Señor me alejó de mis actividades y me clarificó que deseaba que le diera las dos primeras horas del día, y solo a Él. Si yo no hubiera obedecido, si no hubiera ajustado de modo radical mi estilo de vida, sinceramente creo que hoy no estaría ni cerca de escribir este libro.

El activismo es lisa y llanamente el truco de Satanás, quien se deleita en preocuparnos sin importar cuál sea el objeto de esa preocupación. Cosas buenas servirán igual de bien que las malas. Lo único que el enemigo quiere es que nuestra atención se distraiga y nuestras fuerzas se minen. Y su estrategia está funcionando en la mayor parte de Estados Unidos.

Al haber vivido en tres culturas distintas en todo el mundo, estoy convencido de que todos los estadounidenses creen que actividad y productividad es lo mismo. No es que la actividad sea mala, más de lo que las riquezas son malas. La actividad es buena, mientras no se convierta en el enfoque de tu vida. Las riquezas son buenas, mientras no se conviertan en tu seguridad y tu objetivo principal.

Dios nos ha dado muchas cosas buenas para disfrutar. Nuestra responsabilidad como cristianos es estar seguros de usarlas de modo correcto, y de no tratarlas con una devoción tan firme que pasen de ser regalos a ídolos.

> Dios nos ha dado muchas cosas buenas para disfrutar. Nuestra responsabilidad es estar seguros de usarlas de modo correcto, y de no tratarlas con una devoción tan firme que pasen de ser regalos a ídolos.

Cuando el general musulmán Mohammed Ghusani invadió la India, sus fuerzas entraron a los templos hindúes y destrozaron todos los ídolos que encontraron. El islamismo no tolera ídolos, y el hinduismo tiene muchos de ellos. Al entrar en un templo célebre, Ghusani fue confrontado por los sacerdotes, quienes le suplicaron: "Te rogamos que no destruyas el ídolo aquí. Este es el más santo de todos los ídolos. Por favor, déjalo en paz". Ghusani no hizo caso. Empujó a los sacerdotes, desenvainó la espada y asestó al ídolo un golpe resonante. De inmediato el ídolo se rompió, y de su centro hueco salieron a raudales piedras preciosas.

Nuestros ídolos no están fabricados de madera o yeso, pero son tan reales y nos aferramos a ellos con tanta tenacidad como aquellos sacerdotes hindúes. Sin embargo, cada vez que destruimos un ídolo, ganamos mucho más de lo que perdemos. Por cada ídolo que demolemos, nos llegan nuevos tesoros de gracia y así quitamos otro obstáculo para la vida productiva de oración.

Una vida eficaz cristiana, de la cual se han eliminado de buena gana los ídolos, viene de un suelo donde la semilla cae, echa raíces, germina y lleva fruto.

Mas el que fue sembrado en buena tierra, éste es el que oye y entiende la palabra, y da fruto; y produce a ciento, a sesenta, y a treinta por uno (Mateo 13:23).

Esta tierra buena pertenece a quienes son sobrios y velan, aquellos que son firmes en cuanto al enemigo y sus obras. Son productivos de acuerdo con los talentos y las bendiciones que Dios les ha otorgado. No todos son productivos hasta el mismo punto o de la misma manera, pero su productividad está alineada con el plan más amplio de Dios para su reino. El enemigo quiere neutralizar esta productividad para que las fuerzas desplegadas contra él sean más débiles. Por tanto, parte de nuestro llamado como cristianos es esforzarnos por ser buena tierra.

De ahí que sea necesario hacer algunas pruebas de tierra en nuestra vida. Si llegas a la Palabra de Dios con un corazón no arrepentido, Satanás arrebatará la semilla. Si llegas a la Palabra de Dios albergando amargura o algún temor de no ser popular, tu fe se marchitará. Si llegas a la Palabra de Dios preocupado con ansiedades y actividades, tu productividad se ahogará. Pero a medida que desarrolles una tierra fuerte y nutritiva, la semilla buena del evangelio sembrada por el Señor Jesucristo producirá fruto auténtico y abundante. Cuando esto ocurre, el plan del enemigo se frustra.

Como cristianos *tenemos* que andar en sumisión diaria a Jesucristo. En eso y solo en eso reside nuestra autoridad sobre el diablo. No podemos ser engreídos. No podemos encargarnos por nosotros mismos de los principados y poderes espirituales. El diablo, el león rugiente que merodea, solo puede ser derrotado por el poder del Señor Jesucristo y la sangre del Cordero. Porque solo cuando tú y yo nos alineamos detrás de ese otro león más grandioso, el León de Judá, y estamos cubiertos por la sombra del Todopoderoso y fortificados por toda la armadura completa de Dios, podemos salir victoriosos.

CAPÍTULO 5

COMBATE CERRADO CON EL ENEMIGO

urante la Segunda Guerra Mundial, inmediatamente después de la caída de Francia, Hitler se abrió paso al occidente, hacia la costa del canal inglés y preparó su asalto al continente británico. Sabía que si mandaba tropas de tierra para invadir Gran Bretaña, primero tendría que ganar la guerra en el aire. Y así comenzó la batalla británica. La Alemania nazi envió enormes formaciones de bombarderos sobre territorio británico, tratando de destruir instalaciones en tierra y de acabar con las defensas aéreas británicas. Si Alemania ganaba la supremacía aérea, la invasión sería fácil.

El comando británico de combate utilizó una cantidad de estrategias contra estas fuerzas alemanas masivas. Una de las más importantes fue mantenerse por encima del enemigo. Obtener mayor altitud. Pelear desde arriba. Por tanto, cuando el radar advertía de un ataque inminente y llegaba la orden de que las tripulaciones salieran a pelear, los pilotos de la Real Fuerza Aérea llevaban sus aviones lo más alto que podían y tan rápido como fuera posible. Esta fue una las razones de que Gran Bretaña ganara la batalla aérea, y de por qué la invasión, cuando vino, fue una invasión aliada que se dirigía en dirección opuesta: desde Gran Bretaña hacia la Francia ocupada.

Pelear en las alturas podría resumir las instrucciones de Dios a su pueblo en la guerra invisible. Porque en las *alturas* es donde está Cristo. Vuelve a Efesios y mira cómo oró Pablo:

> que el Dios de nuestro Señor Jesucristo, el Padre de gloria, os dé espíritu de sabiduría y de revelación en el conocimiento de él, alumbrando los ojos de vuestro entendimiento, para que sepáis cuál es la esperanza a que él os ha llamado, y cuáles las riquezas de la gloria de su herencia en los santos, y cuál la supereminente grandeza de su poder para con nosotros los que creemos, según la operación del poder de su fuerza, la cual operó en Cristo, resucitándole de los muertos y sentándole a su diestra en los lugares celestiales, sobre todo principado y autoridad y poder y señorío, y sobre todo nombre que se nombra, no sólo en este siglo, sino también en el venidero (1:17-21).

Cuando Dios resucitó a Jesús, le dio, en términos espirituales, la mayor altitud posible. Lo sentó "en los lugares celestiales, sobre todo principado y autoridad y poder y señorío", por sobre todo orden angelical, tanto bueno como malvado. Lo sentó sobre Satanás y sus fuerzas demoníacas. Lo sentó por sobre las circunstancias y el azar. Tal como el salmista profetizó, el Padre le dijo a Jesús:

> Siéntate a mi diestra, hasta que ponga a tus enemigos por estrado de tus pies (Salmos 110:1).

Ahora podrías pensar que esto puso a Jesús más bien lejos. Después de todo, no existe lugar más alto que sentarse a la diestra de Dios. Si alguna vez las Escrituras nos dan una imagen del Dios transcendente, es esta. Sin embargo, mira lo que Pablo sigue diciendo en el capítulo siguiente de Efesios:

> Pero Dios, que es rico en misericordia, por su gran amor con que nos amó, aun estando nosotros muertos en pecados, nos dio vida juntamente con Cristo (por

gracia sois salvos), y juntamente con él nos resucitó, y asimismo nos hizo sentar en los lugares celestiales con Cristo Jesús (2:4-6).

Mira a tu alrededor. ¿Dónde estás? ¿Sentado en un sillón? ¿Afuera en tu terraza? ¿En un aeropuerto o en una estación de buses? Olvídalo, en la realidad del Espíritu, no estás en ninguno de esos lugares. Estás allá arriba con Cristo Jesús. Quienes le pertenecen a Dios, los que han nacido del Espíritu de Dios y han rendido sus vidas a Jesucristo, están posicionados en el cielo. Físicamente podrías estar en la tierra, pero espiritualmente estás arriba con Dios.

> Quienes han rendido sus vidas a
> Jesucristo, están posicionados en el cielo.
> Físicamente podrías estar en la tierra, pero
> espiritualmente estás arriba con Dios.

¿No es maravilloso? Esa es la bendición que Dios nos ha concedido. A diferencia de los pilotos de la Real Fuerza Aérea en la Segunda Guerra Mundial, ya tenemos altitud. No debemos que meternos dentro de aviones para lograrlo. Ya estamos allí. Como herederos del reino eterno, ya ocupamos territorio inaccesible para el enemigo. Ya estamos en ese único lugar desde el que podemos atacar y resistir con éxito al diablo. Desde este lugar estratégico, Satanás y sus secuaces nos resultan vulnerables. Tenemos la victoria porque estamos donde Cristo está.

TÁCTICAS DEL ENEMIGO

¿Cómo espera el enemigo atacarte y vencerte cuando, en realidad, estás más allá del alcance de sus armas más grandes? Permíteme darte otro ejemplo de las páginas de la historia militar.

No mucha gente ha invadido con éxito las islas británicas. Hitler fracasó. Napoleón fracasó. Para encontrar la última vez que alguien logró pasar con un ejército a través de las costas británicas tienes que remontarte al año que todos los estudiantes de escuela en Gran Bretaña saben de memoria: 1066. En ese tiempo, la que hoy día llamamos Inglaterra estaba poblada por anglosajones y gobernada por el rey Harold. Es probable que ya conozcas la historia. Los normandos atravesaron el canal bajo el liderazgo de Guillermo el Conquistador, derrotaron a los anglosajones en la Batalla de Hastings, durante la cual Harold recibió una flecha en el ojo, y luego invadieron el país.

Lo que muchas personas no saben es que la Batalla de Hastings fue un combate muy cerrado. No era fácil vencer a Harold, quien había posicionado con cuidado sus tropas en la cumbre de una colina, dándoles tal ventaja posicional que después de varias horas de pelea, los normandos habían sido totalmente rechazados. ¿Qué le dio vuelta a la batalla? Guillermo cambió de táctica. Les dijo a sus capitanes que fingieran una retirada. El efecto fue hacer que Harold perdiera el control de su ejército. Creyéndose ganadores, abandonaron la cumbre y bajaron corriendo la colina en persecución de los normandos en retirada. Cayeron en una trampa, porque tan pronto como estuvieron en terreno plano, los normandos se volvieron sobre ellos. Más fuertes y mejor equipados, los normandos ahora tenían la ventaja. Y la aprovecharon.

Esta es la táctica principal del enemigo: hacerte bajar del terreno estratégico alto para poder combatirte en la planicie. Mientras permanezcas en los lugares celestiales, tienes una ventaja abrumadora. Tan pronto como bajas al nivel del enemigo, la ventaja le pertenece a él.

> Esta es la táctica principal del enemigo:
> hacerte bajar del terreno alto estratégico
> para poder combatirte en la planicie.

Créeme, el enemigo usará de manera implacable su ventaja. Empleará todos los medios que pueda para hacerte bajar de la cima de la fiel obediencia a Dios, porque tan pronto como dejas la cumbre, puede hacerte olvidar que él es vulnerable, hacerte olvidar que es un enemigo derrotado. Puede neutralizarte. Por favor, concéntrate aquí, porque este podría ser el punto más decisivo. Cuando de combate directo se trata, el enemigo tiene tres formas de derribarte. Regresando a una imagen que usé antes, él se concentra en tres puertas particulares dentro de tu alma. El apóstol Juan las bosquejó para nosotros en su primera epístola:

No améis al mundo, ni las cosas que están en el mundo. Si alguno ama al mundo, el amor del Padre no está en él. Porque todo lo que hay en el mundo, los deseos de la carne, los deseos de los ojos, y la vanagloria de la vida, no proviene del Padre, sino del mundo. Y el mundo pasa, y sus deseos; pero el que hace la voluntad de Dios permanece para siempre (1 Juan 2:15-17).

Los deseos de la carne, los deseos de los ojos, la vanagloria de la vida. Estas cosas son del mundo y, puesto que le pertenecen al mundo, son del enemigo, quien gobierna este mundo. Todo tipo de pecado cae en una de estas tres categorías. Los deseos de la carne representan las ansias de satisfacer nuestros apetitos. Los deseos de los ojos son los anhelos por lo que pertenece a otros, el pecado de codicia. La vanagloria de la vida es la decisión de salir de la enseñanza bíblica, sea para justificar nuestra conducta pecaminosa o, más sutilmente, para ir tras lo que creemos que es la voluntad de Dios.

Estas tres puertas juntas forman a menudo una progresión demoníaca. En primer lugar, prestamos atención a los impulsos de nuestra naturaleza caída. En segundo lugar, tratamos de satisfacer esos impulsos tomando lo que no nos pertenece. En tercer lugar, tratamos de legitimar esos impulsos justificándolos y quitándoles sus restricciones. A medida que avanzamos en la progresión, el diablo captura a su vez nuestras pasiones, nuestro ego y nuestra voluntad.

Puedes ver exactamente esta secuencia en el relato de la aventura de David con la esposa de Urías, Betsabé. David cayó primero al someterse a sus deseos, permitiendo que al observar a Betsabé se encendiera su pasión. Cayó una segunda vez cuando la codició, a pesar de que ella era la esposa de otro hombre. Cayó por tercera vez, y más gravemente, cuando trató de disfrazar el embarazo de Betsabé haciendo regresar a Urías de la guerra para que durmiera con su esposa. Para entonces David estaba metido hasta el cuello. Quería a Betsabé con tanta desesperación que estuvo dispuesto a ordenar la muerte del esposo de ella. Un pecado preparó el camino para el próximo.

Casi puedes ver los demonios conspirando tras bastidores, haciendo mover a David paso a paso, hasta que estuvo tan involucrado que no pudo salir. Porque lo que el enemigo más desea es conquistar tu *voluntad*. Si consigue tu voluntad, tiene todo lo que puede obtener... fuera de tu salvación. Más adelante, volveré sobre este tema.

Ahora quiero examinar cada tipo de puerta mirando el ejemplo de la persona que sufrió las pruebas más duras y, sin embargo, se mantuvo firme. Cuando Jesús fue al desierto y resultó tentado por el diablo, fue exactamente en estos tres aspectos: pasiones, ego y voluntad.

La puerta de las pasiones

No es casualidad que, al principio de su ministerio, Jesús fuera al *desierto*. No fue allá para alejarse de todo, como hoy día podríamos ir a una cabaña junto al lago con una mochila y una caña de pescar. Él fue allá deliberadamente para enfrentar al enemigo. El desierto era el lugar donde Satanás y sus demonios se reunían. Se trataba de su centro de convenciones.

El Evangelio de Mateo nos dice muy explícitamente que "... Jesús fue llevado por el Espíritu al desierto, para ser tentado por el diablo" (4:1). Este fue el inicio de una confrontación con el enemigo que iría hasta la cruz y más allá, y que demostraría la ineficacia del diablo. ¿Cómo comenzó Satanás a tentar a Jesús? Empezó con las pasiones, los deseos de la carne:

> Y después de haber ayunado cuarenta días y cuarenta
> noches, tuvo hambre. Y vino a él el tentador, y le dijo:
> Si eres Hijo de Dios, di que estas piedras se conviertan
> en pan (Mateo 4:2-3).

No ayunas durante cuarenta días sin que se te abra el apetito. El prospecto del pan debió haber sido muy atractivo. Como el Hijo de Dios, Jesús sabía que su comida era hacer la voluntad de su Padre; la obediencia lo sustentaba. Pero como el Hijo del hombre, participó de las debilidades y necesidades de la carne humana. Cuando el diablo se le acercó, Jesús estaba listo para comer.

Observa lo sutil que fue el enemigo. Ni por un momento Satanás cuestionó la divinidad de Cristo. Más bien la trató como un secreto compartido. En realidad manifestó: "Mira, tú y yo sabemos que eres el Hijo de Dios. Podrías convertir en pan esa piedra con un chasquido, solo pronunciando la palabra. ¿Por qué no lo haces? ¿Qué te lo impide?".

Esto parecía muy razonable. Jesús necesitaba comida y tenía el poder. El Padre le había dado la autoridad. Podía resucitar a los muertos y realizar milagros de sanidad. ¿Por qué no hacer este truco sencillo de suplirse una comida lista? ¿Qué posible mal podría venir de eso? Sin duda esto ni siquiera calificaría como una tentación… era simplemente buen sentido.

Pero el diablo era real. El asunto aquí no era si el hambre debía ser satisfecha, sino si debía romperse un ayuno. Jesús había aceptado la disciplina de ayunar durante cuarenta días. Sabía que el Padre requería esto de Él. Romper el ayuno por satisfacer el hambre, incluso horas antes de que se cumpliera el tiempo asignado, equivaldría a una grave violación de la fe. Habría significado echarse para atrás en su palabra.

En ese sentido, esta primera tentación fue exactamente igual que la tentación de cometer adulterio. Los apetitos en sí no son malos, tanto el sexo como la comida son regalos de Dios. Pero ambos se convertirán en malos si satisfacerlos significa romper un compromiso anterior. Los creyentes que están casados se han comprometido con sus cónyuges, y los creyentes que son solteros se han comprometido con Dios. No son libres para satisfacer a voluntad sus apetitos sexuales.

De igual modo, Jesús había hecho un compromiso con su Padre para abstenerse de comida durante el tiempo de su estadía en el desierto. No era libre para renegociar el voto. La invitación a hacerlo sugería un cambio a la autoridad de Dios. Cuando Satanás dijo: "Si eres Hijo de Dios…", estaba sugiriéndole a Jesús que su relación con el Padre era de total igualdad, que Jesús tenía el derecho de romper su voto si lo deseaba.

> Jesús había hecho un compromiso con su Padre para abstenerse de comida durante el tiempo de su estadía en el desierto. No era libre para renegociar el voto.

Sin embargo, a pesar de su igualdad, Jesús eligió la obediencia total al Padre. A pesar de que como parte de la Trinidad era igual al Padre, estaba en la tierra para hacer la voluntad de su Padre, no para desafiar su autoridad. La obediencia dentro de la Deidad definió el lugar de Jesús a la diestra del Padre en gloria. La rebelión y la autoafirmación no pudieron haberlo hecho más Dios de lo que ya es. Él ya es Dios. Y si hubiera sido *menos* que Dios, la rebelión no le habría mejorado la situación, como Satanás sabía muy bien.

Muchos cristianos cometen la equivocación de creerse limitados por sus compromisos. Prácticamente dicen: "No puedo hacer eso porque Dios no lo permite". Pero observa el modo positivo en que Jesús le contestó a Satanás. No le dijo: "El pan no es importante, no lo necesito" ni le dijo: "Ayunar no es divertido, pero tengo que soportarlo". En vez de eso, simplemente puso los apetitos en el lugar adecuado; *debajo* del asunto más importante de honrar votos y compromisos. También dejó en claro que hay mucho más en la vida que satisfacer apetitos:

> El respondió y dijo: Escrito está: No sólo de pan vivirá
> el hombre, sino de toda palabra que sale de la boca de
> Dios (Mateo 4:4).

El secreto de la victoria de Jesús aquí es el secreto de tu victoria y de mi victoria. Cuando Satanás trate de bajarte del lugar alto apelando a tus pasiones, cítale el mismo versículo que Jesús utilizó. Cuando Satanás se te acerque apelando a la carne, dile que en Jesús has sido bendecido con toda bendición espiritual en los lugares celestiales, que en Jesús tienes toda tu suficiencia y que recibes más alimento de la obediencia a Dios que dejándote llevar por las pasiones.

La puerta del ego

Pero Satanás no renunciará. Si no puede entrar por la primera puerta, intentará hacerlo por la segunda. Pasará de las pasiones al ego.

Llevó a Jesús a Jerusalén y se paró con Él en la cumbre del templo. Ese era el lugar más alto de la ciudad, casi ciento cincuenta metros por sobre el valle de Cedrón. Desde esa posición ventajosa, el enemigo apeló al ego de Jesús:

> Entonces el diablo le llevó a la santa ciudad, y le puso
> sobre el pináculo del templo, y le dijo: Si eres Hijo de
> Dios, échate abajo; porque escrito está: A sus ángeles
> mandará acerca de ti, y, en sus manos te sostendrán, para
> que no tropieces con tu pie en piedra (Mateo 4:5-6).

Satanás no estaba sugiriendo suicidio. Este fue un inteligente cambio táctico. Ya se había dado cuenta de que no podía llegar a Jesús por medio de las pasiones. A diferencia de Esaú, quien vendió su primogenitura a su hermano Isaac por un simple plato de lentejas, Jesús no concedería nada, ni siquiera bajo el control de un hambre voraz. Al ver que esta puerta estaba firmemente cerrada, Satanás fingió una retirada estratégica y se dispuso a atacar en una forma diferente.

Sugirió: "Está bien, si no puedo llegar a ti a través de tus pasiones, permíteme apelar a tu ego. Afirmas que crees en la Palabra de Dios. Qué bueno. ¿Por qué no lo demuestras? Lánzate".

Al principio podría ser difícil ver lo que Satanás esperaba conseguir. Lanzarse de un edificio no es una idea atractiva para la mayoría de nosotros. Pero mira a Jesús como Satanás lo veía: un pobre hombre del campo, el hijo de un carpintero. Sin erudición, sin historial y frente a un pueblo famoso por su aversión a los profetas. Satanás razonó que sin duda a este hombre le parecería seductora la posibilidad de comenzar su ministerio con un truco impresionante y espectacular.

Ten en cuenta que Jesús sabía que su Padre honraría su promesa bíblica. Si Jesús hubiera saltado, un guardaespaldas angelical habría aparecido en el aire y lo habría salvado. Jesús habría pasado al instante de ser un desconocido a ser una celebridad.

Aquí hay una lección. No dejes que te digan que el diablo no conoce la Biblia. La conoce al revés y al derecho. Y es muy hábil en sacar un versículo o dos, que parezcan apoyar su argumento. Así que cuídate de las personas que afirman haber descubierto alguna nueva verdad radical en las páginas de la Biblia. Mira lo que tales individuos declaran que la Biblia dice y a cuál de tus instintos están apelando.

> Cuídate de las personas que afirman
> haber descubierto alguna nueva verdad
> radical en las páginas de la Biblia.

Habrás oído a sujetos que declaran por televisión: "Confía en Jesús y te volverás rico y feliz". Sin embargo, ¿dónde exactamente ofrece la Biblia estas garantías que parecen incondicionales e irrebatibles? En ninguna parte. ¿Y a qué motivos están apelando los predicadores? ¿A tu generosidad y caridad? Tal vez no. Ser rico y feliz es la ambición más egocéntrica que puedas tener.

Observa que no se hace ninguna mención de la cruz, de asumir las cargas de las buenas obras, del sacrificio y el martirio. Lo que estamos viendo aquí son los deseos de los ojos, el evangelio de la codicia. Es cristianismo sin la cruz. Esto afirma que lo único que debes hacer es nombrar esa promesa, cualquiera que sea, y será tuya. El énfasis está casi por completo en lo que *deseas*. Cualquier cosa que puedas ver, Dios te la conseguirá, como si Dios fuera Santa Claus. Tu único aporte es *nombrar y reclamar aquello...* además de tragarte toda una versión completamente sin sentido de la fe cristiana.

La industria de la publicidad ha convertido esto en un arte fino. Los publicistas conocen la relación entre *percepción* y *deseo*. Saben que, si muestran algo durante el tiempo suficiente y de la manera correcta, terminarás deseándolo.

Ves en televisión a una mujer de cincuenta años que parece como si tuviera veinte... y quieres el secreto de su apariencia. Ves a un atleta famoso usando una marca particular de zapatos, y deseas ese calzado. Ves a un hombre próspero conduciendo cierto tipo de automóvil, y quieres ese auto. Ves a una persona tan flaca como un rastrillo comiendo yogur bajo en grasa, y deseas ese yogur.

Todas estas imágenes apelan a los deseos de los ojos. Lo único que los publicistas tienen que hacer es elegir las imágenes que saben que nos gustan y adherirles un producto. Esto solo es contraproducente de vez en cuando, como cuando un amigo mío me dijo que el requesón hace engordar, pues afirmó: "Cada vez que veo una persona gorda, está comiendo requesón".

¿Pasas tiempo en casa comprando a través de la Internet? Te están pidiendo que satisfagas los deseos de los ojos. Lo único que le importa al publicista es que desees la mercancía. No le importa si puedes pagarla o no. No le importa si la necesitas. No le importa si estás rompiendo un principio bíblico al comprarla. Te muestran el producto con el propósito específico de que lo desees. El diablo condujo a Eva a hacer algunas compras desde casa cuando le mostró el árbol del conocimiento del bien y del mal. ¿Y qué hizo Eva? Lo que hace todo comprador.

> Vio la mujer que el árbol era bueno para comer, y que era agradable a los ojos, y árbol codiciable para alcanzar la sabiduría; y tomó de su fruto, y comió; y dio también a su marido, el cual comió así como ella (Génesis 3:6).

Recuerda cómo en la invasión de Israel a la tierra prometida y su derrota en Hai, Acán confesó:

> Verdaderamente yo he pecado contra Jehová el Dios de Israel, y así y así he hecho. Pues vi entre los despojos un manto babilónico muy bueno, y doscientos siclos de plata, y un lingote de oro de peso de cincuenta siclos, lo cual codicié y tomé; y he aquí que está escondido bajo tierra en medio de mi tienda, y el dinero debajo de ello (Josué 7:20-21).

Acán sucumbió a los deseos de los ojos. Deseamos cosas porque las *vemos*. Vemos, y pronto queremos hacer más que solo ver: queremos *poseer*. Eclesiastés nos dice que "nunca se sacia el ojo de ver" (1:8), y Proverbios nos informa que "...los ojos del hombre nunca están satisfechos" (27:20).

Recuerdo la historia de un niñito malcriado que siempre conseguía todo llorando. Un día lloraba, lloraba y lloraba porque quería un florero costoso que se hallaba en un estante, y el ama de llaves no se lo quería entregar. La madre se le acercó.

—¿Por qué estás llorando? —le preguntó.

—Quiero eso —contestó el malcriado—. Yo quiero eso.

De modo poco inteligente —como algunos padres actúan creyendo que la manera de expresar amor por sus hijos es darles todo lo que piden—, la madre estiró la mano hacia ese florero costoso y lo colocó frente al muchacho.

¿Dejó de llorar? No, gritó aún más fuerte. Su madre regresó.

—¿Qué te pasa ahora? —le preguntó.

—Quiero, yo quiero —comentó el niño llorando todavía—. ¡Quiero algo que no pueda conseguir!

Volvamos al diablo y sus tentaciones. Satanás había identificado lo que creyó un punto débil en Jesús. Después de todo, Jesús había venido a la tierra en forma de hombre. Si esperaba ganar a alguien para su causa, tendría que mostrar que era más que un simple ser humano. ¿Por qué no tomar la ruta fácil y anunciar su llegada con titulares ostentosos? La gente se le uniría como si estuviera yendo a un circo.

Además, a fin de nacer entre la humanidad como hijo de María, Jesús había tenido que hacer un enorme recorte en salarios y beneficios. El diablo razonó que Jesús debía haber estado extrañando la gloria, la adoración y la obediencia sin condiciones del reino celestial. Si algún pecado haría trastabillar al Mesías, seguramente sería *codiciar* fama y éxito.

Satanás estaba equivocado. Sin duda alguna.

> Jesús le dijo: Escrito está también: No tentarás al Señor tu Dios (Mateo 4:7).

Esto nos deja con un pequeño problema. Está claro que los creyentes cristianos no pueden rechazar al enemigo de la misma forma. No somos Dios, y Satanás tiene todo el derecho de tentarnos. Sin embargo, podemos rechazar la tentación por la misma *razón* que Jesús lo hizo, porque la realidad es que cualquier cosa que Satanás pueda ofrecernos ya está en nuestra posesión. La ambición, así como los apetitos de hambre y deseo sexual pueden sentirse en contextos legítimos y por motivos puros. Y después de todo, como Pablo escribió a los efesios:

> Dios, que es rico en misericordia, por su gran amor con que nos amó, aun estando nosotros muertos en pecados, nos dio vida juntamente con Cristo (por gracia sois salvos), y juntamente con él nos resucitó, y asimismo nos hizo sentar en los lugares celestiales con Cristo Jesús, para mostrar en los siglos venideros las abundantes riquezas de su gracia en su bondad para con nosotros en Cristo Jesús (Efesios 2:4-7).

Entonces, mucho cuidado con lo que permitimos que nuestros ojos vean y que nuestros corazones deseen. Nada que el enemigo ofrezca puede igualar lo que ya se nos ha prometido en Cristo. Codiciar, desear por razones egoístas algo que otros poseen, es ser derribados desde las alturas para hacernos pelear con el enemigo en terreno plano y sufrir la derrota.

> Mucho cuidado con lo que permitimos que nuestros ojos vean y que nuestros corazones deseen. Nada que el enemigo ofrezca puede igualar lo que ya se nos ha prometido en Cristo.

La puerta de la voluntad

Juan nombró primero los deseos de la carne, después los deseos de los ojos y, en tercer lugar, la vanagloria de la vida. Cuando Jesús no permitió que Satanás atravesara la puerta de las pasiones ni la puerta del ego, el diablo intentó una tercera entrada: la puerta de la voluntad.

> Otra vez le llevó el diablo a un monte muy alto, y le mostró todos los reinos del mundo y la gloria de ellos, y le dijo: Todo esto te daré, si... (Mateo 4:8-9).

Este fue otro cambio táctico. Jesús había soportado la presión del hambre. No había cedido ante la atracción de la fama y el éxito instantáneos. Así que el diablo ató su pañuelo a un palo y lo hizo ondear. Concibió lo que parecía ser una concesión crítica.

Mira con cuidado estos versículos, porque quiero explicarte algo. Cuando Dios el Creador hizo el mundo, le entregó el título de propiedad a Adán, diciéndole: "Adán, estás a cargo. Te estoy dando el cetro". Y cuando Adán desobedeció a Dios y cayó por la tentación de Satanás, su caída selló un golpe. Satanás había fallado en su intento de conquistar el cielo. Pero en la tierra, tomó el mando con engaños y sigilo. Usurpó el trono en la tierra. Por eso, la Biblia se refiere a Satanás como "el dios de este mundo". Lo gobierna. Le pertenece. Sus demonios han guarnecido las ciudades de la tierra y han defendido sus fronteras. ¿Por qué están haciendo esto? No simplemente para imponer su gobierno, sino porque Satanás sabe que su toma de posesión será retada. Siempre había sido el propósito de Dios arrebatar el cetro de la mano de Satanás y entregárselo a Jesús el Cristo, el Hijo del hombre, quien murió en la cruz y resucitó; Rey de reyes y Señor de señores.

Cuando el Espíritu llevó a Jesús al desierto, Satanás obtuvo una buena idea de lo que estaba pasando gracias a sus redes de inteligencia. Habían examinado las páginas del Antiguo Testamento. Habían oído al profeta hablar acerca de hombres y mujeres que recibían corazones nuevos para vivir bajo un nuevo pacto con Dios. Sabían que un segundo David estaba por venir. Sabían que la llegada de Jesús anunciaba el contraataque por tanto tiempo temido. Y ahora aquí estaban los dos líderes: Jesús y Satanás, frente a frente.

Satanás ofreció la mano de la amistad. Prácticamente dijo: "Está bien. Sé por qué estás aquí. Sé que quieres recuperar la creación. También sé que eres poderoso. ¿Por qué entonces no lo solucionamos de modo amistoso? Te devolveré todo lo que he tomado de Dios. Todo. Todo es tuyo. Te lo endoso de buen grado".

Hay algo extrañamente moderno acerca de esto, ¿no es verdad? ¿Puedes verlo? La atracción del atajo. Evitar el conflicto. Evitar, en el caso de Jesús, lo desagradable de la crucifixión. El atajo ofrece gratificación instantánea sin el costo. Satanás estaba concediendo a Jesús todo su programa de salvación, toda su misión, victoria en todo el conflicto cósmico... en los términos más fáciles que fueran posibles.

¿Ves cuán sutil es este enfoque? Satanás no le pedía a Jesús que abusara de sus pasiones dadas por Dios o que codiciara la propiedad de alguien más. Al ceder a esta tercera tentación, a primera vista Jesús habría logrado lo que Dios quería conseguir: recuperar la creación. Parecía haber razón para decir: "Sí, hagamos un trato".

Pero lee la letra pequeña. Porque Satanás añadió a su ofrecimiento una oferta simple, pero devastadora:

Y le dijo: Todo esto te daré, si postrado me adorares (Mateo 4:9).

En otras palabras, Jesús podía tener todo lo que quisiera si *sometía su voluntad al diablo*. Probablemente, Satanás habría permitido cualquier cantidad de milagros, sanidades y buenas obras. Habría permitido comunión, unidad entre creyentes, incluso la predicación del evangelio… siempre y cuando todo el proyecto permaneciera bajo su propio control y, por tanto, separado de Dios.

Tal vez si Jesús hubiera cedido a esta tentación, la Iglesia habría sido muy parecida a lo que es hoy. Excepto que el enemigo la poseería, y la salvación eterna sería solamente un espejismo.

El enemigo abrirá para ti un camino que parezca cumplir los propósitos del reino de Dios, pidiendo a cambio solo que te alejes de algún ámbito de clara enseñanza bíblica.

Si el enemigo no puede atraparte por medio de los deseos de la carne o de los deseos de los ojos, utilizará la vanagloria de la vida. Te brindará el más generoso de los tratos. Te ofrecerá permitirte hacer grandes bienes, abrirte un camino que parezca cumplir los propósitos del reino de Dios, pero te pedirá a cambio que te alejes de algún ámbito de clara enseñanza bíblica. Debemos ser cautelosos. Siempre que se nos plantea una nueva estrategia o idea, debemos preguntarnos: *¿Me mantendrá esto dentro de la voluntad de Dios como lo revelan las Escrituras o me pondrá fuera de ella?*

Déjame darte un ejemplo de mi propia iglesia. Hace muchos años, un querido hermano estaba decidido a cambiar la forma en que se dirigía la iglesia. Comenzó organizando reuniones privadas y teniendo conversaciones tras bambalinas con algunos de los miembros del grupo de liderazgo. En ese tiempo, me enfermé mucho y no pude asistir a las reuniones de la iglesia. Tan pronto como estuve fuera de circulación, este hermano hizo su jugada. Tenía muchos argumentos atractivos para llevar a la congregación en la dirección que deseaba llevarla.

Lo que este hombre no dijo fue que los cambios que quería iban a alterar la dirección bíblica de la iglesia. Unos cuantos miembros del liderazgo notaron esto, pero el hermano les dio la impresión de que tenía todo mi apoyo. Se produjo confusión.

Cuando me recuperé y pregunté a algunos de mis amigos cómo pudieron haber permitido que este hermano hiciera lo que hizo, respondieron: "Creímos que tenías una razón para ello". Pero yo ni siquiera sabía lo que estaba ocurriendo. Y con seguridad, no habría permitido que la iglesia se alejara de su fundamento bíblico. Huelga decir que cuando después confronté con mucho cariño al hermano, él decidió irse.

Solo hay una respuesta a la tentación de salirse de la voluntad de Dios como está revelada en la Palabra. Es la respuesta que Jesús le dio a Satanás:

> Entonces Jesús le dijo: Vete, Satanás, porque escrito está: Al Señor tu Dios adorarás, y a él sólo servirás. El diablo entonces le dejó; y he aquí vinieron ángeles y le servían (Mateo 4:10-11).

QUÉDATE DONDE NO PUEDAS SER ATACADO

Permanece en la altura. Quédate en la tierra alta, donde tienes poder sobre Satanás y te encuentras sustentado por la Palabra de Dios. En combate cuerpo a cuerpo, el enemigo trata primero de llevarte a su nivel, de abrir una de las puertas que deberías mantener firmemente cerradas. Pero si permaneces espiritualmente en los lugares celestiales con Cristo, Satanás no puede (sí, leíste bien), Satanás *no puede* atacarte. Te encuentras fuera de su alcance.

Cuando alguien me dice: "Estoy bajo ataque", le digo: "Examinemos tu vida. ¿Dónde estás? ¿Por qué está atacándote el enemigo? ¿Cómo ha hecho para bajarte?".

> Quédate en la tierra alta, donde tienes
> poder sobre Satanás y te encuentras
> sustentado por la Palabra de Dios.

Estas son las preguntas clave, porque Satanás no podría atacarte si no le hubieras dado una manera de entrar. No hay transferencia de culpa. O aceptas el ataque, o detienes el ataque y obtienes la victoria regresando a las alturas donde perteneces.

Por favor, comprende que al hablar sobre ser atacado, me refiero solo a estos tres ámbitos: deseos de la carne, deseos de los ojos y vanagloria de la vida. No me refiero a ser atacado en el campo del sufrimiento cuando, igual que Job, estás en la misma voluntad de Dios.

Hay una diferencia abismal entre prueba y tentación. Más adelante ampliaré este punto. Pero aquí estoy hablando estrictamente de tentación a pecar, *no* del sufrimiento por causa de Cristo que todo creyente serio debe experimentar. En 2 Timoteo 3:12, Pablo nos asegura que "todos los que quieren vivir piadosamente en Cristo Jesús padecerán persecución". De esto no es de lo que estoy hablando aquí.

Pregúntate qué puerta o puertas en tu vida estás dejando entreabiertas a Satanás. ¿Qué puerta o qué puertas no cierras cada día? Algunos cristianos piensan que las puertas deben cerrarse solo una vez y que, después de haberlas cerrado, puedes olvidarte de ellas y automáticamente tener la victoria.

No es verdad. Esas puertas suelen abrirse. No porque Dios no sea fiel a sus promesas, sino porque depende de nosotros asegurarnos de que nuestra obediencia sea constante. Muéstrame un cristiano que caiga una y otra vez en el mismo pecado, y te mostraré un cristiano que no está vigilando las puertas de su alma.

Cuando me levanto a las cinco a orar, ya estoy cerrando mentalmente esas puertas. Todavía tengo los ojos cerrados, casi no estoy despierto, pero imagino en mi mente que estoy girando las llaves en las cerraduras, manteniendo al enemigo fuera de mi vida y de mi familia, e intercediendo con las puertas trancadas.

Haz eso todos los días. No puedes darte el lujo de ser negligente. ¿Quieres ser accesible a los emisarios de Satanás? ¿Quieres dejar entrar a los demonios que, con tu consentimiento o sin él, constantemente están rugiéndote y rondando, esperando entrar por alguna abertura? A menos que trates con tus puertas abiertas, Satanás te robará la paz. Satanás te robará el gozo. Satanás destruirá tus relaciones.

Por eso cada vez que sientas tentación, pregúntate: *¿A qué está apelando esto? ¿A mis apetitos? ¿A mi naturaleza egoísta? ¿A mi naturaleza codiciosa? ¿O a mi deseo de hacer mi voluntad en vez de la de Dios?* Toda tentación cae en una de esas tres categorías, que son exactamente las mismas por las que Satanás trató de acceder a la vida de Jesús.

El éxito en cualquier categoría complacerá al diablo. Pero la última, la captura de tu voluntad, es el premio máximo. Él quiere que cedamos a nuestros apetitos con tanta regularidad que comencemos a justificar el pecado como algo aceptable. Quiere que codiciemos algo a tal grado que empecemos a llamar ambición legítima a esa codicia y que realicemos la obra de Dios en maneras que nos pongan fuera del círculo de la verdad bíblica.

> Satanás quiere que cedamos a nuestros apetitos
> con tanta regularidad que comencemos a
> justificar el pecado como algo aceptable.

Estas cosas son el objetivo del enemigo en combate, porque clavan una cuña profunda en tu comunión con tu Salvador. Ponen tu misión, tu corazón y tu voluntad en el lugar de Dios. Alimentan tu egocentrismo y tu orgullo, y te hacen repetir el primer pecado de Adán y Eva: despreciar la Palabra de Dios y hacer lo que *ellos* pensaron que era lo mejor.

Ocupa la tierra alta. Mantén cerradas las puertas. No hay motivo para que seas derrotado. Satanás podrá ser un enemigo experimentado, fuerte, persistente y lleno de armas mortales, pero no puede tocarte cuando vives en obediencia a Cristo.

Además, como veremos pronto, sus días están contados.

TERCERA PARTE

APRENDE A CONQUISTAR AL ENEMIGO

CAPÍTULO 6

UNA CONTRAOFENSIVA DE SIETE PUNTOS

Alo largo de este libro, he aludido a algunas de mis propias experiencias en guerra espiritual. Esta es una de las cosas más difíciles de hacer para un pastor y escritor —en realidad para cualquiera—: tomar un par de binoculares y enfocar sus propias debilidades, y mostrar cómo Dios ha tratado con ellas. Es amenazador, pero también es algo bueno para mí, porque significa que no puedo esconderme detrás de estas páginas y pretender que soy perfecto, que no he sufrido vergonzosas derrotas. No puedo pretender que, como ministro, soy de algún modo inmune a las clases de ataques que otros cristianos tienen que soportar, o que no he sido objeto de ataques que son especialmente atroces. En realidad, soy exactamente igual a ti: un cristiano llamado a pelear contra el diablo y ganar.

¿Qué significa entonces esto para mí?

Déjame darte un último ejemplo. Un aspecto donde el enemigo sabe que puede afectarme y robarme el gozo es en la acusación falsa. Estar en el ministerio te hace responsable por muchas decisiones grandes y pequeñas, y en todas ellas, la pelota se detiene en tu escritorio. En mi caso, esto se vuelve un tanto peor porque he sostenido opiniones con mucha firmeza. Como cualquiera que me conoce puede atestiguar, mi sentido del llamado de Dios es muy claro. Los detalles a menudo no me molestan. No me importa si el

135

135

santuario se pinta de rojo o de blanco, y no es un problema quién realice el trabajo, con tal de que se haga. Pero cuando se trata de dirigir e implementar la misión ministerial, soy enfático.

Pues bien, he aquí mi debilidad. Mi defecto yace en tratar con la actitud crítica de los demás. Si tengo motivos para sospechar que alguien más me critica, critica algo que creo o critica algo que he hecho, a menudo pongo el dedo en el gatillo de una respuesta rápida. Cualquier cuestionamiento a mi liderazgo en asuntos importantes del ministerio es apropiado para encender mi ira. Encuentro difícil razonar con mis críticos, o explicar con calma por qué estoy tomando una línea particular de acción o qué circunstancias y convicciones yacen detrás de mi decisión.

Ojalá *pudiera*. Admiro a las personalidades más plácidas, que pueden razonar las cosas. Pero esa no es mi fortaleza de carácter. Al contrario, estoy más dispuesto a darle vueltas a algunos comentarios que alguien ha hecho y a pasar noches sin dormir haciéndome preguntas inútiles: *¿Qué tiene esta persona contra mi predicación? ¿Cómo se atreve a cuestionar mi pasión por evangelizar? ¿No me conoce bastante bien para cuestionar mis motivaciones?* Y así sucesivamente.

Seré aún más franco contigo. En el proceso, esta tendencia me ha llevado a cometer errores. He escrito algunas cartas duras que quisiera nunca haber escrito. He pronunciado algunas palabras duras que me gustaría que no hubieran salido de mi boca. Incluso cuando sé en lo más profundo de mi corazón que se requirió un reproche, a veces miro hacia atrás y me doy cuenta de que, si me volvieran a dar la oportunidad, habría mantenido la paz un poco más y habría sido más mesurado en mis palabras.

La buena noticia es que mientras más ando en el Espíritu, más fácil se vuelve vencer.

Muchas personas se identificarán con eso. Otras preguntarán: "¿Por qué escribes un libro acerca de cómo vencer al enemigo si ni siquiera puedes manejar tu propio problema? ¿Por qué no encuentras una manera de tratar con esta debilidad tuya?".

Bueno, he encontrado una manera. Y estoy lidiando con ella. Trato a diario con ella y seguiré haciéndolo hasta que vaya a estar con el Señor. Lucho y, con la ayuda de Dios, gano la confrontación asalto por asalto, no con un nocaut fulminante, sino por puntos. Tranco esta puerta de impaciencia e ira, o cualquiera de mis otras debilidades, con un plan de siete frentes de defensa.

Esta táctica no se compone de rápidos pasos tipo "uno, dos y tres"; algunos requieren cuidadoso análisis y reflexión. Tal vez ya conozcas algunos de estos siete puntos, pero debes recordar estos mecanismos básicos de defensa cada vez que el enemigo te tiente. La buena noticia es que mientras más ando en el Espíritu, más fácil se vuelve vencer.

1. RECUERDA, LA VICTORIA ES NUESTRA

Empiezo cada día recordando el tema de este libro: la batalla ya se combatió, y la victoria es nuestra. A fin de recordar que la victoria está asegurada, no debo ir más allá en la Biblia ni más atrás en el Nuevo Testamento, que el primer libro, el libro de Mateo. Incluso antes de la resurrección, la llegada de Jesús a la tierra había comenzado a crispar los nervios en el campamento enemigo.

Puedes verlo en el enfrentamiento que Mateo relató entre Jesús y los dos endemoniados en la región de los gadarenos. Estos hombres ocupaban las tumbas. Los demonios habían vuelto tan feroces a estos seres humanos, que la gente tenía miedo de acercárseles. Jesús no había estado antes en este lugar, y sin embargo es significativo que los demonios lo reconocieran al instante y comenzaran a hablar:

> Clamaron diciendo: ¿Qué tienes con nosotros, Jesús, Hijo de Dios? ¿Has venido acá para atormentarnos antes de tiempo? (Mateo 8:29).

La palabra *atormentarnos* aquí significa "enviar al castigo eterno", algo que veré más en el último capítulo. Siempre puedes decir cuándo la disciplina en un ejército está a punto de desmoronarse, porque las tropas dejan de pensar en la victoria y empiezan a pensar en la sobrevivencia.

Estos demonios estaban haciendo eso, reconocieron a Jesús como su juez. Lo reconocieron como alguien que tenía autoridad sobre ellos. Sintieron su poder, y de pronto las promesas de Satanás acerca de gloria y ascendencia sobre Dios parecieron vacías. Ya no era cuestión de si serían condenados; era cuestión de *cuándo* sucedería. Vieron a Jesús, y el sulfuroso aroma del lago de fuego les picó la nariz. Por eso gritaron: "¿Has venido acá para atormentarnos antes de tiempo?".

Este fue un ataque de pánico. Los demonios no pelearon. Ni siquiera amenazaron a Jesús. Lo más importante en sus mentes era salvar su propio pellejo. Es más, para mantener las llamas eternas a raya por un poco más de tiempo, estuvieron dispuestos a contemplar casi cualquier método de escape:

> Estaba paciendo lejos de ellos un hato de muchos cerdos. Y los demonios le rogaron diciendo: Si nos echas fuera, permítenos ir a aquel hato de cerdos (Mateo 8:30-31).

Jesús permitió que hicieran eso, por lo que el enfrentamiento terminó con la escena poco digna de estos exángeles corriendo hacia el mar dentro de un hato de cerdos. ¡No fue el tipo de victoria gloriosa que Satanás imaginó cuando apostó por el trono del cielo!

La historia ilustra muy bien lo que Santiago quiso decir cuando manifestó a los creyentes: "…resistid al diablo, y huirá de vosotros" (Santiago 4:7). Desarmado, el diablo no puede hacerte nada. Es como si irrumpiera en tu casa y te hallara allí de pie, apuntándole con una pistola. No solo se encontraría indefenso, sino asustado. Cuando lo resistes, Satanás reconoce la presencia de Jesús en ti, —el mismo Jesús que lo venció en la cruz y que envió a sus secuaces al interior de un hato de cerdos—, y lo único que quiere hacer este ser que fue una vez angelical y glorioso es dar media vuelta y salir corriendo.

¿Eres así de enérgico con el diablo? Si así fuera, ¿por qué tantos cristianos se quejan y lloriquean, en lugar de enfrentar al enemigo?

> Cuando resistes al diablo, él reconoce la presencia de Jesús en ti, y lo único que quiere hacer este ser que fue una vez angelical y glorioso es dar media vuelta y salir corriendo.

¿Por qué entonces estamos lloriqueando?

Me entristece decir que muchos cristianos realmente nunca resisten a Satanás. En vez de eso, van por ahí con los hombros caídos y dicen: "¿Sabes? Las cosas no están saliendo bien. Tenemos que prestar atención a esto y tenemos que vigilar eso, y debemos ser cuidadosos". Están asediados, encerrados, sitiados. Cuando plantan iglesias, se mantienen lejos de los vecindarios difíciles porque el territorio es demasiado peligroso. En lugar de invadir el dominio del enemigo, permanecen donde se sienten seguros.

Si es que resisten al diablo, lo hacen con tanta cautela que muy bien podrían quedarse callados. Declaran: "Oye, diablo, no hagas eso, por favor. Solo mantente alejado de mí". Entonces él se acerca y les lanza una mirada negra y brillante, y ellos se vuelven corriendo hacia Dios y se excusan: "Bueno, Señor, sabes que tengo naturaleza débil y caída. Estoy tratando de resistir lo mejor que puedo, pero me la paso tropezando".

Ahora déjame ser directo contigo. Eso no es resistir. Eso es lloriquear espiritualmente. ¿Terminó Pablo su carta a los efesios diciéndoles: "Por lo demás, hermanos míos, sean peleles en el Señor"? No. Él expresó:

> Por lo demás, hermanos míos, fortaleceos en el Señor, y en el poder de su fuerza. Vestíos de toda la armadura de Dios, para que podáis estar firmes contra las asechanzas del diablo (Efesios 6:10-11).

En ninguna parte del Nuevo Testamento, se sugiere que retrocedamos en nuestra actitud hacia el diablo. Los lloriqueos se convierten en papilla.

Pablo nos llamó a permanecer en el poder de Dios. No podemos olvidar que Jesús resucitó victorioso de entre los muertos.

¿Pero qué pasó exactamente en la cruz?

Jesús nos libera

Dudo en escribir acerca de esto, porque la verdad es tan gloriosa que desafía nuestro poder de explicación. A pesar de haber caminado con el Señor durante más de cincuenta años, nunca ha dejado de asombrarme el precio que Dios pagó por mi salvación, lo que le costó a Jesús montar la contraofensiva dentro del territorio enemigo.

Creemos que la omnipotencia de Dios hizo que la salvación fuera sencilla, por lo que terminamos siendo indiferentes en cuanto a lo que es el milagro más grande de todos los tiempos: hemos vuelto a tener comunión con Dios. Solo en el cielo llegaremos incluso a comprender lo que costó hacer posible nuestra redención.

Lee las palabras de Pablo a los colosenses:

> Y a vosotros, estando muertos en pecados y en la incircuncisión de vuestra carne, os dio vida juntamente con él, perdonándoos todos los pecados, anulando el acta de los decretos que había contra nosotros, que nos era contraria, quitándola de en medio y clavándola en la cruz, y despojando a los principados y a las potestades, los exhibió públicamente, triunfando sobre ellos en la cruz (2:13-15).

El arma más poderosa del enemigo contra la humanidad es el pecado, porque al hacernos pecar nos baja de las alturas y nos derrota. Pero incluso en la peor de esas escaramuzas, es incapaz de aprovechar al máximo su armamento, porque Jesús drenó de poder al pecado. Él desarmó al enemigo.

Para explicar cómo sucedió esto, Pablo recurrió a una imagen muy diferente. Su charla respecto a clavar el acta en la cruz podría parecer difícil de comprender, pero el apóstol estaba usando un lenguaje que sus lectores entendían fácilmente: el lenguaje de los tribunales romanos.

Jesús drenó de poder al pecado.
Él desarmó al enemigo.

El lenguaje de la ley romana

La primera etapa de un juicio romano consistía en que el demandante compareciera ante el juez y presentara su caso. Tenía que probar su testimonio antes que el acusado pudiera incluso ser llevado al tribunal. Si el caso llegaba al tribunal, se exigía que el demandante se pusiera de pie e hiciera su acusación, esta vez en la presencia tanto del acusado como del juez.

El mismo Pablo fue procesado de este modo. En Hechos 24, puedes leer cómo el sumo sacerdote Ananías y un orador contratado, de nombre Tértulo, acusaron a Pablo delante del gobernador Félix, y cómo Pablo se defendió contra la acusación. Y en otra parte del Nuevo Testamento, cuando a Timoteo lo convocaron para que actuara como juez entre cristianos, Pablo le advirtió que no aceptara una acusación a menos que otros dos testigos la corroboraran (1 Timoteo 5:19).

En el pasaje de Colosenses, Pablo usa la misma imagen del proceso legal romano para mostrar cómo en la cruz Jesús derrotó a Satanás, quien es nuestro acusador. Cada día, casi hora tras hora, ha estado proclamando el caso contra nosotros. Le dice al Padre: "Mira a Michael Youssef, un pastor, y sin embargo no puede dar la otra mejilla. ¡Qué vergüenza!".

No te equivoques, las acusaciones son serias, y las pruebas son abundantes. Satanás ha hecho su presentación. Él conoce la Palabra de Dios y sabe que la Biblia declara que el alma que peca debe morir. Sabe que la Biblia dice que la paga del pecado es muerte. Por eso cuando Satanás, el acusador, llega delante de Dios y nos denuncia por nuestros pecados, Dios, el juez, tiene que admitir que estas denuncias son justas y ciertas.

Las Escrituras afirman que nadie es justo. Ninguno. Todos hemos pecado y estamos destituidos de la gloria de Dios. La prueba es incuestionable. Nuestras huellas dactilares están por todas partes. No podemos negar la lista de pecados que Satanás presenta contra nosotros. Él no tuvo que contratar algún detective privado caro que fuera por el país en busca de pruebas. ¡Todo está frente a sus ojos!

Dios sabía que éramos culpables, incluso mucho antes que Satanás comenzara su acusación. Sabía que habíamos nacido en pecado. Sabía que íbamos a pecar todos los días. Y Dios, el juez, no podía guiñarle el ojo al pecado, porque Él es un juez justo. Obrar de otra manera habría negado su naturaleza. No podía escuchar la acusación contra nosotros para después levantar la mano y decir: "Olvídate de todo eso, no importa".

El pecado *sí* importa. Todos los agravios importan. Exigen juicio. Y Dios no puede negarse a pronunciar sentencia más de lo que no puede dejar de determinar culpabilidad. En ocasiones los tribunales humanos fallan y condenan al inocente (como en el simulacro de juicio que Jesús soportó delante de Poncio Pilato) o simplemente ponen en libertad al culpable. Pero estas cosas no pueden suceder en el tribunal de Dios, porque Él es justo. Cuando Satanás se pone de pie en el cielo y nos señala con el dedo a ti y a mí, ningún abogado en la tierra ni en el cielo puede sacarnos del apuro.

Quiero decirte que tengo mucho respeto por los abogados; mi iglesia está llena de ellos. Pero la ley de Dios no permite el mismo tipo de disputa que consiente la ley humana. No hay circunstancias atenuantes. No existe posibilidad de negociar la condena. No hay lagunas o tecnicismos, ni jurados parciales.

No podemos reclamar ninguna inmunidad legal o política. No podemos reclamar ninguna protección basada en nuestra inteligencia o en nuestros antecedentes sociales. No podemos defendernos afirmando: "Bueno, como usted sabe, yo fui bueno en esto, en eso y en aquello. Solo fui malo en este punto". En la ley de Dios, la regla es: una falla y quedas fuera. Somos culpables, y al igual que Satanás, todos caímos.

¡Bendito sea su santo nombre! En ese momento, Jesús interviene.

Cuando un delincuente era condenado bajo la ley romana y un juez pronunciaba la sentencia, se requería que un secretario del tribunal escribiera dos cosas: el delito del delincuente y su sentencia. Cuando el carcelero llevaba al delincuente a la celda, clavaba en la puerta el papel con estas dos informaciones. Si el prisionero había cometido un delito capital, por el cual en el Imperio romano la sentencia solía ser la crucifixión, el guardia clavaba el mismo trozo de papel en la cruz del crucificado.

Por eso, Poncio Pilato escribió este letrero en la cruz de Jesucristo: "JESÚS NAZARENO, REY DE LOS JUDÍOS" (Juan 19:19). Cristo colgaba allí porque lo habían hallado culpable de un delito capital: traición.

Pero la sentencia de Pilato no fue la única acusación clavada en la cruz ese día. Regresemos a la carta de Pablo a los colosenses.

> Y a vosotros, estando muertos en pecados y en la incircuncisión de vuestra carne, os dio vida juntamente con él, perdonándoos todos los pecados, anulando el acta de los decretos que había contra nosotros, que nos era contraria, quitándola de en medio y clavándola en la cruz (2:13-14).

Esa colección de *decretos* o demandas legales era la acusación de pecado contra todos aquellos que Dios ha predestinado que lo conozcan. Era un registro de tu maldad y la mía; un registro de tu desobediencia y la mía.

Pero esa acusación ya no cuelga en la puerta de nuestra celda. Dios la quitó y la clavó en la cruz. Jesús llevó sobre sí el castigo por cada pecado que tú y yo hemos cometido o que cometeremos.

Él estableció el puesto de avanzada y abrió la puerta de salida del territorio enemigo. De manera total y comprensiva, acalló toda acusación que Satanás podía hacer a los elegidos de Dios, cumpliendo los requerimientos de nuestra condena.

> Jesús llevó sobre sí el castigo por cada pecado
> que tú y yo hemos cometido o que cometeremos.

Puedes ver esto en los registros que el Evangelio hace de la crucifixión.

El último momento en la cruz

Juan escribió al final del juicio a Jesús:

> Después de esto, sabiendo Jesús que ya todo estaba consumado, dijo, para que la Escritura se cumpliese: Tengo sed. Y estaba allí una vasija llena de vinagre; entonces ellos empaparon en vinagre una esponja, y poniéndola en un hisopo, se la acercaron a la boca. Cuando Jesús hubo tomado el vinagre, dijo: Consumado es. Y habiendo inclinado la cabeza, entregó el espíritu (Juan 19:28-30).

Tetelestai es la palabra griega traducida "consumado es". No es coincidencia que esta expresión también tuviera connotación legal. Se suponía que la ley romana era escrupulosamente justa. Cuando un recluso había cumplido su condena en prisión o, como en ocasiones sucedía, cuando era perdonado, sus carceleros lo liberaban y lo devolvían al tribunal, junto con el trozo de papel que había sido clavado en la puerta de la celda. El prisionero veía al mismo juez que lo había sentenciado, quien tomaba una pluma y sobre el papel escribía una sola palabra: *tetelestai*. Pagado en su totalidad. El trozo de papel que una vez había dado testimonio de la culpa y la vergüenza del portador, ahora daba testimonio de su derecho a la libertad. Se había pagado la deuda. Se había consumado. Nadie podía volver a enviar a la cárcel a este sujeto, a menos que cometiera otro delito.

En consecuencia, el delincuente liberado a menudo llevaba ese trozo de papel a su casa y lo clavaba en la puerta principal. Si alguno de sus antiguos enemigos llegaba y decía: "¿Qué está haciendo este individuo fuera de la cárcel?", el hombre libre podía señalar el papel y esa sola palabra —*tetelestai*—, y luego decir: "No tienes ningún derecho sobre mí. Soy un hombre libre. Mi deuda está pagada en su totalidad". La seguridad, la libertad y el futuro del expresidiario dependían de una palabra: *tetelestai*.

Y esa es precisamente la palabra que Jesús usó en su último momento de vida en la cruz. Observa cómo, en el Calvario, Jesús estuvo en control. La mayoría de las personas que eran clavadas en una cruz simplemente colgaban allí y esperaban morir. No así Jesús.

> Cuando Jesús hubo tomado el vinagre, dijo: Consumado es. Y habiendo inclinado la cabeza, entregó el espíritu (Juan 19:30).

A Jesús no le quitaron la vida; Él la entregó. Y lo último que hizo antes de permitir que su espíritu se apartara de su cuerpo fue pronunciar el grito de victoria: *"Tetelestai"*. No quiso decir: "Gracias a Dios, se acabó", sino: "El precio está pagado en su totalidad. ¡Satanás está derrotado!".

Sospecho que ese fue el momento en que Satanás comprendió por primera vez que había sido burlado. Había tratado activamente de que crucificaran a Jesús, tal vez pensando que al matarlo frustraría los planes de Dios. El diablo incluso entró en el corazón de Judas Iscariote a fin de hacer que eso fuera posible. Satanás no sabía que estaba haciendo la voluntad de Dios al ingeniar la muerte de Jesús, ni que al infligir lo que creyó que sería una aplastante derrota, entregaba involuntariamente la batalla decisiva a la contraofensiva. Por esa palabra, *tetelestai*, el poder del enemigo se redujo de forma repentina y drástica.

Hasta ese momento, el enemigo había podido utilizar el juicio de Dios como arma. Podía decir de cualquier persona en la tierra: "Él es mío, ella es mía", porque Dios no puede mirar el pecado. Pero ahora, para sorpresa del diablo, hay gente sobre la que no tiene ningún poder, personas cuyas cantidades comenzaron a crecer a medida que el reino se extendía.

> Satanás no sabía que estaba haciendo la voluntad
> de Dios al ingeniar la muerte de Jesús.

El enemigo perdió su poder. En palabras de Pablo, "despojando a los principados y a las potestades, [Jesús] los exhibió públicamente, triunfando sobre ellos en la cruz" (Colosenses 2:15). Si has comprometido tu vida a Jesucristo, si Jesús es tu único Salvador y Señor, entonces Satanás no tiene derecho legal sobre ti. Ningún derecho legal de invadir tu propiedad. Ningún derecho legal de acosarte. Ningún derecho legal de entrar en tu vida cuando quiera y de salir cuando le dé la gana.

Ya no le perteneces al diablo. Cuando Jesús declaró: *"Tetelestai"*, te convertiste en un hombre libre, en una mujer libre. En ese mismo instante, se instalaron cerraduras en el interior de las puertas de tu alma. Ya puedes cerrarle la puerta al enemigo. Y una vez que esas puertas se han cerrado y trancado, no hay ninguna razón en el mundo para que el enemigo pisotee tu vida y te derrote.

Así que la primera manera que yo tengo para cerrar la puerta de la impaciencia y la ira es recordar que la batalla ya está ganada. No tengo que justificarme. Jesús lo hizo por mí. Por eso le digo a Satanás: "¡*Tetelestai*! Consumado es". Luego recuerdo: "Cristo murió por ti, Michael. Seguramente puedes vencer tu ira".

Para poder hacer eso también, debo vencer mi necesidad de tomar represalias. Y solo puedo hacerlo si entrego mi vida a Jesús a cada instante, así que ya no me importa lo que las demás personas piensen.

2. EL SECRETO DE MASADA: RINDE TU VIDA

La orilla suroccidental del Mar Muerto es una fortaleza montañosa llamada Masada. Los acantilados rocosos se elevan unos cuatrocientos cincuenta metros sobre el desierto circundante, y en lo alto yacen los restos de un campamento militar. Masada tiene un lugar especial en el recuerdo del pueblo judío, porque allí el conflicto de Israel con Roma alcanzó su punto culminante.

En el siglo posterior a la llegada de Jesús, las relaciones judías con Roma se complicaron hasta convertirse en una rebelión, que los romanos aplacaron de manera despiadada. Y la última banda de rebeldes, exactamente 930 hombres, mujeres y niños, se refugió en lo alto de la fortaleza, en el pico montañoso de Masada.

De pie, en lo alto de imponentes acantilados, aquellas personas perseguidas lograban ver abajo la silueta del campamento militar romano. Pero la roca era casi infranqueable y ofrecía a los judíos rebeldes un refugio seguro durante varios años. Finalmente, los romanos construyeron una enorme rampa de tierra como de cien metros de altura y doscientos quince de largo para sitiar la fortaleza; los restos aún son visibles. Sin embargo, una vez que los poderosos soldados romanos escalaron finalmente los muros de la fortaleza, no encontraron resistencia. Cada uno de los 930 hombres, mujeres y niños yacía muerto. Se habían suicidado para no tener que enfrentar la indignidad de la muerte o la esclavitud a manos de los romanos.

Tan poderoso es el recuerdo de ese hecho, que a todo soldado israelí moderno se lo lleva a Masada para una ceremonia de juramento. Con la historia resonándoles en los oídos, juran nunca volver a permitir que Israel sea puesto en servidumbre.

Los cristianos deberían tener esto en cuenta. Nuestra guerra invisible contra el enemigo es tan grave como la guerra judía contra Roma. Y al igual que esos 930 judíos en Masada, estamos llamados a entregar nuestras vidas. Por favor, no pienses por un instante que estoy abogando por el suicidio (como en Jonestown o Heaven's Gate) ni por el martirio, y ni siquiera por valor en el campo de batalla. Simplemente, quiero decir que en términos espirituales debemos aprender a morir a nosotros mismos a fin de vivir en victoria, porque ese es el secreto de permanecer en la tierra alta donde Satanás no puede alcanzarnos.

> En términos espirituales, debemos aprender a morir a nosotros mismos a fin de vivir en victoria, porque ese es el secreto de permanecer en la tierra alta donde Satanás no puede alcanzarnos.

Vuelve al versículo de Santiago que cité antes en este capítulo. En realidad, solo te di la segunda parte. La versión completa es la siguiente:

> Someteos, pues, a Dios; resistid al diablo, y huirá de vosotros (4:7).

La relación de estos dos pensamientos no es casual. El éxito en resistir viene del éxito en someterse. Lo más aterrador para el enemigo es la vida totalmente dedicada a Dios en todo detalle, porque el corazón de esta persona es de hierro, completamente impenetrable a las armas del enemigo.

Alguien le preguntó a George Müller, el gran hombre de fe del siglo XIX (y uno de mis héroes):

—¿Cuál es el secreto de tu vida cristiana victoriosa?

—Fue el día en que morí, que morí por completo —contestó Müller, y luego se inclinó, tocando literalmente el suelo mientras continuaba—. Morí a George Müller, a sus opiniones, a sus preferencias, a sus gustos, a su voluntad. Morí al mundo, a su aprobación o su censura. Morí a la aprobación o la culpa, incluso, de parte de mis hermanos y amigos. Y desde que hice esto, he analizado todo para mostrarme aprobado únicamente ante Dios.

Müller vivía lo que el apóstol Pablo enseñó en Romanos:

> Sabiendo esto, que nuestro viejo hombre fue crucificado juntamente con él, para que el cuerpo del pecado sea

destruido, a fin de que no sirvamos más al pecado. Porque el que ha muerto, ha sido justificado del pecado. Y si morimos con Cristo, creemos que también viviremos con él; sabiendo que Cristo, habiendo resucitado de los muertos, ya no muere; la muerte no se enseñorea más de él. Porque en cuanto murió, al pecado murió una vez por todas; mas en cuanto vive, para Dios vive. Así también vosotros consideraos muertos al pecado, pero vivos para Dios en Cristo Jesús, Señor nuestro (6:6-11).

El viejo hombre ha muerto; el nuevo hombre ha resucitado. Por tanto, puede pensarse que someterse a Dios es como hacer morir diariamente al viejo hombre. De nuevo, en palabras de Pablo:

> No reine, pues, el pecado en vuestro cuerpo mortal, de modo que lo obedezcáis en sus concupiscencias; ni tampoco presentéis vuestros miembros al pecado como instrumentos de iniquidad, sino presentaos vosotros mismos a Dios como vivos de entre los muertos, y vuestros miembros a Dios como instrumentos de justicia. Porque el pecado no se enseñoreará de vosotros; pues no estáis bajo la ley, sino bajo la gracia (6:12-14).

Debemos rendirnos en obediencia total, sin vacilación ni reservas. Ese es el secreto de hacer huir al diablo.

Cuando me acusan falsamente, no debo tomar represalias, aunque sea inocente, porque ya no busco la aprobación de esta persona ni la de alguien más. Solo busco la aprobación de mi Padre. Y tengo que recordar esto cada vez que me enfado.

Recuerda, la victoria es nuestra. Recuerda el secreto de Masada: entrega tu vida. Y, en tercer lugar, recuerda cerrar las puertas de tu alma cada mañana.

3. CIERRA LAS PUERTAS CADA MAÑANA

Ya mencioné esto antes, pero es tan importante que debemos volver a verlo aquí como parte de nuestro plan de batalla.

Cada mañana cuando despierto, cierro las puertas de mi corazón que son susceptibles al pecado. Empiezo cerrando la puerta de la ciudad: cada aspecto de mi vida. El momento en que declaro que dispongo de ciertas áreas de fortaleza ("esta área está realmente bien"), empieza mi caída. El orgullo fue el pecado del diablo; también puede ser el mío.

> Cada mañana cuando despierto, cierro las puertas
> de mi corazón que son susceptibles al pecado.

Así que empiezo por orar pidiendo fortaleza en cada área: codicia, lujuria, orgullo. Luego voy a las puertas más pequeñas, como ira e impaciencia con la gente.

El diablo no puede derrotarnos a menos que nos descuidemos y empecemos a dejar abiertas tales puertas. Esa es la realidad de muchos creyentes. Están demasiado ocupados; pierden sus momentos de tranquilidad; se distraen. Y tarde o temprano, descubren que los han derribado de los lugares altos de la comunión con Dios, y que el diablo los ha golpeado. Se sienten atrapados, como si convertirse en cristianos no hubiera servido de nada, como si todos sus esfuerzos por tener una vida cristiana no pudieran lograr más que un ciclo monótono de fracaso y culpa.

¿Es esa tu realidad espiritual? Si es así, ten cuidado, porque Satanás te ha engañado.

Muchas veces, incluso en la iglesia evangélica, los cristianos van domingo tras domingo a adorar y a escuchar el mensaje del evangelio, pero sin ir más lejos. Se salvan el domingo, pero no aprenden a vivir en el poder y la victoria de Cristo durante el resto de la semana. Sin embargo, Cristo no nos guía en procesión triunfal solamente los domingos. También nos guía los lunes, martes, miércoles, jueves, viernes y sábados. Pablo nos describe como personas que constantemente regresamos de la guerra, igual que hacían los generales romanos, en un desfile de victoria con guirnaldas, marchando detrás de nuestro Líder y en su fortaleza.

> Mas a Dios gracias, el cual nos lleva siempre en triunfo en Cristo Jesús, y por medio de nosotros manifiesta en todo lugar el olor de su conocimiento (2 Corintios 2:14).

Estamos llamados no solo a impedir que el enemigo entre en nuestras vidas, sino en realidad, a expulsarlo de nosotros. No solo debemos ir por ahí trancando las puertas de nuestra alma contra Satanás, el león rugiente, sino usando nuestro propio arsenal letal de tal manera, que el enemigo huya despavorido.

Eso significa que, como cristianos, debemos pasar por un curso de entrenamiento de lo más exigente. Regresemos ahora y miremos esos próximos pasos, que mantendrán en fuga al enemigo.

CAPÍTULO 7

MANTENGAMOS EN FUGA AL ENEMIGO

ada vez que predico o escribo, no es solo cuestión de levantarse y agrupar algunas Escrituras. Mis sermones surgen de la oración, y en gran parte de esa oración, estoy de rodillas y entro en combate cuerpo a cuerpo con el diablo.

El próximo paso en la contraofensiva de siete puntos es lo que Pablo enseñó en Efesios 6 acerca de luchar contra principados y poderes. Todo soldado debe ponerse su equipo de combate, sea uniforme caqui o armadura antigua.

4. PONTE TU EQUIPO DE COMBATE

Ya cité Efesios 6 porque allí Pablo advirtió a los cristianos que no lucharan contra carne y sangre, sino contra la cuádruple jerarquía infernal: la cadena de mando del enemigo. Inmediatamente después de la descripción que Pablo hizo de las fuerzas del enemigo, continuó con este consejo a los creyentes:

> Por tanto, tomad toda la armadura de Dios, para que podáis resistir en el día malo, y habiendo acabado todo, estar firmes (6:13).

Se ha escrito y predicado mucho sobre los versículos que siguen. Pero creo que esta armadura de Dios es de tres clases: el uniforme, las armas defensivas y las armas ofensivas.

El uniforme

Pablo continuó:

> Estad, pues, firmes, ceñidos vuestros lomos con la verdad, y vestidos con la coraza de justicia, y calzados los pies con el apresto del evangelio de la paz (6:14-15).

No quiero presionar demasiado la analogía de Pablo, pero estos artículos representan un equipo básico de sobrevivencia del cristiano: los implementos y la ropa que identifican sus atributos necesarios y les permiten ir a donde su Comandante los dirige. La propia vida de Jesús se caracterizó por esta misma tríada: la verdad, la justicia y la paz del evangelio. En respuesta a sus críticos judíos, Jesús declaró:

> El que habla por su propia cuenta, su propia gloria busca; pero el que busca la gloria del que le envió, éste es verdadero, y no hay en él injusticia (Juan 7:18).

La verdad y la justicia van juntas. Pero no son estáticas. Tienen un propósito, el cual, en Jesús y ahora en sus seguidores, es predicar el evangelio.

Veamos de nuevo ese incidente, cuando Jesús preguntó quién creían los discípulos que era Él. Pedro contestó, casi sin pensar: "...Tú eres el Cristo, el Hijo del Dios viviente" (Mateo 16:16). Ninguna persona le había dicho eso a Pedro, como el mismo Jesús se lo expresó: "no te lo reveló carne ni sangre, sino mi Padre que está en los cielos" (16:17).

A estas alturas, Pedro no tenía idea de que la verdad y la justicia tuvieran algún otro propósito fuera de sí mismas. Por eso, poco después reaccionó tan mal cuando Jesús habló de lo que había venido a hacer a la tierra:

> Desde entonces comenzó Jesús a declarar a sus discípulos que le era necesario ir a Jerusalén y padecer mucho

de los ancianos, de los principales sacerdotes y de los escribas; y ser muerto, y resucitar al tercer día. Entonces Pedro, tomándolo aparte, comenzó a reconvenirle, diciendo: Señor, ten compasión de ti; en ninguna manera esto te acontezca (Mateo 16:21-22).

A Pedro le disgustaba el cambio. Pero eso era lo que el evangelio exigía, por lo que Jesús comenzó a dar la noticia. En realidad, llevó a un lado a los discípulos para decirles: "Bueno, muchachos, quiero decirles algo. Voy a morir en la cruz, porque eso es lo que he venido a hacer a fin de redimirlos del pecado y salvarlos eternamente. Ahora estoy diciéndoles esto porque muy pronto será labor de ustedes decírselo al mundo. Ser veraces y justos es una cosa, pero dejar que la verdad y la justicia se difundan en la forma de buenas nuevas es otra muy diferente. Lo primero es estático y seguro. Lo segundo los coloca a ustedes en alta mar. Es retador y demandante".

En ese momento, Pedro se asustó, tal como se aterró cuando salió de la barca con el fin de caminar sobre el agua con Jesús y luego ver las enormes olas debajo de él.

Los consejeros modernos habrían tratado a Pedro con guantes de seda. Le habrían dicho: "Necesitas tiempo para adaptarte, debes aprender a manejar el estrés, necesitas terapia".

Jesús abordó el asunto clave, y exclamó a Pedro:

¡Quítate de delante de mí, Satanás!; me eres tropiezo, porque no pones la mira en las cosas de Dios, sino en las de los hombres (16:23).

Esto no fue atropellar de modo deliberado los sentimientos de Pedro. La predicación del evangelio era sencillamente tan crucial que solo podía llevarla a cabo un planteamiento fidedigno.

El principio que Jesús sugiere aquí se mantiene todavía. Cada vez que te sales de la voluntad de Dios, estás cumpliendo la orden de Satanás. No hay territorio en la guerra invisible que sea neutral o innegable. Todo aspecto de tu vida está bajo el control de Dios o del diablo. En consecuencia, hasta las mejores razones para retirarte de la obra de Dios son, en última instancia, inspiradas por Satanás.

> Cada vez que te sales de la voluntad de Dios,
> estás cumpliendo la orden de Satanás.

Cada vez que permites que tu orgullo te estorbe, cada vez que no predicas el evangelio ni haces lo que Dios quiere que hagas, Satanás está utilizándote. Cada vez que te niegas a resistir al diablo y no lo echas fuera, has caído en la mentira de Satanás. Por el contrario, cada vez que permaneces firme en la verdad y la justicia, pones en fuga al enemigo.

Todos los días se presentan dificultades. Cuando Dios nos pide hacer un sacrificio realmente grande, alguien dice: "Eso no tiene sentido. No lo hagas. Deja que lo haga otra persona". Cuando Dios te llama a un ministerio de tiempo completo, otros te sugieren: "No hagas tal cosa. Que lo hagan otros". Cuando Dios te llama a aceptar un trabajo que paga menos de lo que crees que mereces; es decir, que aceptas algo por debajo de tu nivel, Dios manifiesta: "Hazlo porque quiero usarte en cierta manera". Pero luego alguien más expresa: "No, no cometas esa insensatez. Ve por el oro".

A veces nos equivocamos. Pero al igual que Pedro, nuestros fracasos no tienen por qué agobiarnos.

¿Qué haces cuando se desatan los cordones de tus zapatos? Te agachas y los atas otra vez. ¿Qué haces si tu cinturón se suelta? Vuelves a abrocharlo. De igual manera, si estás usando una coraza, no te la quites el momento que una de las amarras se suelte. Abróchala de nuevo. La vida cristiana es como conducir en la autopista. Si un neumático estalla, no tienes que abandonar el auto. Colocas el de repuesto y regresas a la carretera.

Uno de los motivos de que Pedro sea un aliento tan grande para mí es que cayó muy mal y muchas veces. Sin embargo, ¡nunca permaneció caído! Él sabía aceptar el perdón de Dios y comenzar de nuevo. Por eso cuando escribió sus epístolas, hablaba con gran experiencia. Cuando leí esas palabras de Pedro que cité antes —"sed sobrios, y velad; porque vuestro adversario el diablo, como león rugiente, anda alrededor buscando a quien devorar" (1 Pedro 5:8)—, supe que el apóstol experimentó esto en persona. Cuando Satanás me tienta a tomar represalias, me pongo mi uniforme de batalla, mis vestiduras de verdad y justicia. Debo dar la otra mejilla, porque la Biblia, la verdad de Dios, lo dice. Entonces, una vez vestido para el combate, junto mis armas defensivas.

Armas defensivas

Pablo indicó dos piezas del equipo de batalla que todo soldado debe portar para protegerse:

Sobre todo, tomad el escudo de la fe, con que podáis apagar todos los dardos de fuego del maligno. Y tomad el yelmo de la salvación (Efesios 6:16-17).

¿Recuerdas cuando los israelitas vivían como esclavos en Egipto, y Faraón se negó a dejarlos salir... incluso después de nueve plagas? Es probable que la confianza que tenían en Moisés y Aarón estuviera en su punto crítico. Y, sin embargo, lo siguiente que oyeron de Moisés fue:

Sacad y tomaos corderos por vuestras familias, y sacrificad la pascua. Y tomad un manojo de hisopo, y mojadlo en la sangre que estará en un lebrillo, y untad el dintel y los dos postes con la sangre que estará en el lebrillo; y ninguno de vosotros salga de las puertas de su casa hasta la mañana (Éxodo 12:21-22).

Pintar tu puerta con sangre no pareció tan extraño a los israelitas como lo es para nosotros hoy día. No obstante, debieron haber estado tentados a declarar: "Oh, Dios, estamos sufriendo esclavitud aquí en Egipto. ¿Cómo podría ayudarnos poner sangre en nuestras puertas?". También pudieron haberse reunido todos y manifestar: "Votemos por esto". Pero no, simplemente obedecieron. No entendían lo que Dios tenía en mente, pero de todos modos obedecieron. Untaron sangre en los marcos de las puertas y se fueron a dormir.

En medio de esa noche, cuando Dios recorría la tierra de Egipto matando a los primogénitos, cada vez que llegaba a una casa marcada fielmente con la sangre, la veía y pasaba de largo.

> Dios mismo ha declarado que quien
> esté marcado con la sangre de Jesús
> estará fuera del alcance del diablo.

Hay una verdad en ese pasaje de Éxodo, una verdad que se aplica directamente a nosotros. Al igual que los israelitas, lo único que nos separa de la destrucción es sangre, la sangre de Jesús. Su sangre nos protege por completo. Una vez que estamos marcados con la sangre no podemos ser tocados, ni por el juicio de Dios ni por el diablo, ya que la sangre expresa: "Pasa, sin hacer daño". Ningún poder infernal puede traspasar esa sangre, porque es un sello establecido sobre la autoridad de Dios y la Palabra de Dios.

Él mismo ha declarado que quien esté marcado con la sangre de Jesús estará fuera del alcance del diablo. La persona lavada por sangre será llevada al territorio de Dios, a un puesto de avanzada dentro del reino de Dios. El precio por su salvación ha sido pagado, esa palabra *tetelestai* borra el registro de sus pecados.

Así que recuerda: puedes ser asaltado por el enemigo en todo tipo de formas. Él puede llegar a ti a través de las puertas del pecado. Puede llegar a ti a través de tus emociones. Puede llegar a ti a través de tu estado mental y de tus sentimientos de opresión y depresión. Puede llegar a ti a través del exceso de trabajo, relaciones tóxicas y el enfriamiento de tu amor por Jesucristo. Pero cualquiera que sea la ruta que tome el enemigo, y por aterrador e invencible que este parezca, comenzará a volverse y a huir de ti en el momento en que implores la sangre de Jesús.

Esto no se debe a lo que eres o a algo que hayas hecho. No importa cuál sea tu patrimonio neto ni de qué familia vengas. No importa si eres episcopal, presbiteriano, bautista o pentecostal. No importa cuánto tiempo hayas sido cristiano. No importa si encuentras fácil o difícil la vida de fe. Tu victoria no se basa en nada de eso. Tu victoria se basa en la muerte y resurrección del Señor Jesucristo. Su muerte en la cruz no solo proporcionó tu salvación, sino que te ha armado contra el ataque del enemigo. La muerte del Señor es tu escudo y tu yelmo.

Y esta gracia de Dios se nos da día tras día. No es algo que ocurrió en el pasado, cuando entregaste tu vida a Cristo y naciste de nuevo. Se te da de nuevo cada mañana, cada hora. Dios no nos llamó a escondernos del enemigo. Dios no nos llamó a vencer al enemigo con nuestros propios recursos. ¡No! Dios nos llamó a implorar la sangre de su Hijo Jesús, a defendernos con el yelmo de la salvación y el escudo de la fe. Nos llamó a resistir activamente, creyendo la Palabra de Dios y lo que esta dice acerca de nuestra autoridad y victoria en Jesucristo, y de cómo poner en fuga al enemigo, el malvado.

Hemos sido completamente equipados para resistir el ataque del enemigo. Tenemos el uniforme de la verdad y la justicia. Tenemos armas defensivas, como un escudo y un yelmo: la sangre de Jesús. Además, tenemos armas ofensivas para poner en fuga a Satanás.

> Hemos sido completamente equipados
> para resistir el ataque del enemigo.

Armas ofensivas

Por último, Pablo expresa: "Y tomad… la espada del Espíritu, que es la palabra de Dios" (Efesios 6:17).

En el desierto, Jesús usó la espada del Espíritu contra el enemigo. En respuesta a las sugerencias e insinuaciones del diablo, Jesús simplemente citó la eterna, infalible, indiscutible e inequívoca Palabra de Dios. Funciona como el as del triunfo. No existe respuesta ante la Palabra. No hay forma de evitarla ni de rebasarla. Establece el final de la discusión.

Se trata de la *espada* del Espíritu, y exactamente así debes usarla: tomas tu espada y te pones en la ofensiva. Podrías hacer un pequeño ajuste con el fin de ayudar a tu imaginación, actualizando la tecnología. Si Pablo hubiera escrito en el siglo XXI, tal vez a la Palabra de Dios la habría llamado una Uzi o una semiautomática.

¿Cómo utilizas tus armas ofensivas? Digamos que el enemigo se te acerca, por medio de uno de sus demonios o de alguna otra persona, y te pone dudas en el corazón acerca de tu vida cristiana. Te susurra: "¿Eres realmente cristiano? ¿Crees de veras que estás yéndote al cielo?". Tú extraes la gran arma de 1 Juan 5:11-12, y le respondes: "Este es el testimonio: que Dios nos ha dado vida eterna; y esta vida está en su Hijo. El que tiene al Hijo, tiene la vida; el que no tiene al Hijo de Dios no tiene la vida".

O el enemigo se te acerca y susurra: "Tus pecados son demasiado graves para que Dios te perdone. Has cometido tantas cosas miserables en el pasado, que Dios nunca podría perdonarte". He aquí lo que debes hacer. Sacas 1 Juan 1:9 y contratacas: "Si confesamos nuestros pecados, él es fiel y justo para perdonar nuestros pecados, y limpiarnos de toda maldad".

O el enemigo viene a ti y te incrimina burlonamente: "¡Mira tu miserable condición! Ni siquiera puedes levantarte de la cama. Ni siquiera puedes sacudirte la depresión. Eres un fracaso. ¿Cómo puedes decir que Dios te ama?". He aquí lo que debes hacer. Lo haces desaparecer con Romanos 5:8: "Mas Dios muestra su amor para con nosotros, en que siendo aún pecadores, Cristo murió por nosotros".

O el enemigo se te acerca y te tienta: "Dios no contesta oraciones en estos días. Si contestara la oración, habrías salido de este lío. Mira cuánto tiempo has estado esperando". Esto es lo que tienes que hacer. Lo sacas corriendo con Juan 16:24: "Hasta ahora nada habéis pedido en mi nombre; pedid, y recibiréis, para que vuestro gozo sea cumplido".

O el enemigo trata de golpearte por medio del sufrimiento físico o económico, o de cualquier circunstancia que estés enfrentando. Lánzale 2 Corintios 12:9: "[Jesús] me ha dicho: Bástate mi gracia; porque mi poder se perfecciona en la debilidad. Por tanto, de buena gana me gloriaré más bien en mis debilidades, para que repose sobre mí el poder de Cristo".

O el enemigo te dice, como me ha dicho a mí: "Has estado equivocado. Te han acusado en falso. Tienes razón para estar enojado". He aquí lo que debes hacer. Le apuñalas esa lógica con Proverbios 16:32: "Mejor es el que tarda en airarse que el fuerte; y el que se enseñorea de su espíritu, que el que toma una ciudad".

Cuando el enemigo trate de golpearte recuerda que la victoria es tuya. Recuerda el secreto de Masada: entrega tu vida. Cierra las puertas de tu alma cada mañana. Ponte el equipo de batalla. Y luego comienza a alabar al Señor.

5. ALABA AL SEÑOR

Hace varios años, oí sobre un anciano que estaba en una reunión de oración a mitad de semana. Él comenzó a orar, diciendo: "Oh, Señor, te alabaré, ¡te alabaré con un instrumento de diez cuerdas!".

Bien dicho, ¿verdad? Como ves, la alabanza es total; es alabanza tanto de la mente como del corazón y de los labios.

Cuando piensas al respecto, eso es exactamente lo que los ángeles están haciendo todo el tiempo en el cielo. Y eso es lo que otros cristianos que se han ido antes que nosotros también están haciendo en el cielo. Están adorando y alabando continuamente a Dios.

Eso es lo que tú y yo haremos cuando cerremos nuestros ojos y vayamos a casa para estar en la presencia de Dios.

Pues bien, ¿qué tiene todo esto que ver con la victoria sobre el enemigo?

Cuando me enojo con alguien que me ha acusado falsamente, el reino espiritual se vuelve confuso, nebuloso e irreal. Empiezo a pensar que el mundo que puedo ver es el mundo real, que es de lo que los medios de comunicación están tratando de convencerme.

Pero la verdad bíblica es esta: lo que llamamos "el mundo real", este mundo caído y tangible, no es la realidad final. Lo que en última instancia es real es el reino invisible, el reino espiritual, el reino de la presencia de Dios. Y cuando lo alabamos, entramos a ese reino celestial.

La alabanza cambia el ambiente de mi ira y amargura. Alabar cambia mi actitud hacia la persona que me ha acusado falsamente. A pesar de mis circunstancias, por difíciles que pudieran ser, si empiezo a alabar a Dios, mi espíritu se enaltece.

> A pesar de mis circunstancias, por difíciles
> que pudieran ser, si empiezo a alabar
> a Dios, mi espíritu se enaltece.

Recuerda eso la próxima vez que tengas una discusión con tu cónyuge. Empieza a entonar alabanzas y si no puedes cantar, descarga música de adoración para tu casa y tu auto. Simplemente, alaba a Dios.

Las hordas del diablo están en todas partes. Cuando sales de la iglesia, están sentadas en el auto, esperándote, listas para robarte el gozo y la bendición. Allí el enemigo hace su mejor trabajo, logrando que la gente discuta entre sí. La manera de detenerlo es comenzar a alabar a Dios…, y Satanás huirá en un instante.

Mira, Dios está específicamente presente en las alabanzas de su pueblo. Y su poder se manifiesta de modo especial en nuestras alabanzas.

Henry W. Frost, veterano misionero en la China, tuvo gran influencia en esa nación. Sin embargo, su ministerio no fue eficaz hasta que descubrió la increíble lección de alabar a Dios. En su autobiografía, Frost escribe: "Nada agrada tanto a Dios en cuanto a nuestra oración como la alabanza… y nada bendice tanto al hombre que ora como la alabanza que ofrece".

Frost siguió contando lo que ocurrió un día cuando recibió malas noticias de casa: "Una sombra había cubierto mi alma; oré y oré, pero las tinieblas no se desvanecieron. Me armé de valor para aguantar, pero las tinieblas simplemente se profundizaron.

"Más tarde, fui a una estación tierra adentro y vi estas palabras sobre la pared de la casa misionera: 'Trata de alabar al Señor'. Lo hice, y en un momento desapareció toda sombra, para no regresar. Sí, el salmista tenía razón, es bueno alabar al Señor".

> Sí, el salmista tenía razón, es bueno alabar al Señor.

A fin de alabar adecuadamente a Dios, debemos recordar uno de los nombres del Señor: *El Shaddai*, entendido por su pueblo como "Dios todopoderoso", "Dios de todo poder" o "Dios que es todo suficiente".

El Shaddai significa que Dios interviene a favor de su pueblo. *El Shaddai* sacó a los israelitas de Egipto.

Solo *El Shaddai* puede

- sustentarte
- protegerte
- redimirte

El Shaddai me protegerá cuando alguien me acuse falsamente. Cuando alabo a Dios, vuelco mi situación sobre su poder, y Él me ayuda a vencer la ira.

Y luego empiezo a orar por la persona que me ha hecho enojar.

6. ORAR POR LA OTRA PERSONA

Si existe incluso un ápice de verdad en lo que mi crítico ha dicho en cuanto a mí, trato (¡no necesito decirte cuán duro es esto!) de recibirlo con una actitud de humildad. Recordarás que, en cierta ocasión, Juan respondió a los críticos de Jesús preguntando si debía enviar fuego del cielo para que los consumiera. La mayor parte del tiempo, eso es muy tentador, porque satisface nuestras ansias de venganza.

Pero eso no es lo que quiero decir con orar por alguien. Debemos orar por la persona que nos agrede pronunciando su nombre. Orar por su negocio, su esposa y sus hijos. Orar por su bienestar. Al hacer eso, descubro que anulo mis instintos naturales. Borro mi "configuración predeterminada" e impongo en mí mismo un nuevo comportamiento. Y en mi caso, esto es muy eficaz. Al hacerle bien a alguien que me ha herido, inmediatamente comienzo a sentir la victoria.

Antes de mencionar el contraataque definitivo contra el enemigo, revisemos los seis primeros:

1. Recuerda que la victoria es nuestra.

2. Recuerda el secreto de Masada: entrega tu vida.

3. Cierra las puertas de tu alma cada mañana.

4. Ponte tu uniforme de batalla.

5. Alaba al Señor.

6. Ora por la otra persona.

7. EMPIEZA A PENSAR EN EL CIELO

Para este momento, mi crítico y yo estaremos en comunión mutua, y cada uno de nosotros verá al otro como Dios nos ve. En otras palabras, me salgo adrede de mi marco de tiempo actual. Me niego a ver mi situación presente como duradera o inmutable. Me obligo a mirar a través de la imperfección actual, hacia un futuro en que estoy más plenamente reconciliado de lo que alguna vez podría estarlo en la tierra.

De esta forma, dejo fuera al diablo. Nunca empiezo complaciendo ni incluso consultando mis sentimientos. Sé muy bien cómo me *siento* respecto a la persona que me acusa. Son mis sentimientos lo que están ocasionando el problema. Así que me alejo de mis sentimientos de ira y vuelvo la atención a la verdad eterna de Dios, la cual es más fuerte que mis sentimientos y además puede alinearlos.

Sé que el diablo está derrotado cuando puedo emerger de este proceso, verme con mi crítico, y darle un abrazo cálido y completamente auténtico. Eso no significa que esta persona no vuelva a atacarme en el futuro y que no volveré a ser retado por mi impaciencia. Pero la batalla de ese día se ha peleado y se ha ganado.

Creo que fue Lord Nelson quien agobió a los franceses en la Batalla del Nilo y que luego informó el hecho al almirantazgo británico escribiendo: "Victoria no es una palabra suficientemente grande para describir lo que ha ocurrido en esa batalla". Moderación británica, sin duda.

Pero cuando resistes al diablo, y este huye de ti como la Biblia prometió que haría, todo el cielo te observa y te anima. Incluso en las cosas más pequeñas, *victoria* no es una palabra suficientemente grande para describir lo que ha ocurrido.

CAPÍTULO 8

FUTURO DEL ENEMIGO

El enemigo obra en todas partes de nuestra cultura. Y como cristianos, nos encontramos en continua guerra con él. Si esa *no* es tu experiencia de la vida cristiana, entonces algo está mal. Espiritualmente, vives en una zona de guerra. No puedes ser neutral; no puedes salvarte de tomar partido. Si no estás luchando al lado de Cristo, estás a disposición del diablo. Y si has escapado de las garras del enemigo y has entrado al territorio de Dios, entonces estás reclutado, y el diablo se encuentra detrás de ti.

Cuidado con la vida fácil. El cristianismo no debería ser un ciclo agradable de acontecimientos de iglesia: servicios, estudios bíblicos, mañanas de café, reuniones de ancianos. Es verdad que, si has cerrado todas las puertas de tu alma a Satanás, ocupas el terreno alto, y él no puede tocarte. Pero si Satanás no está *tratando* de atacarte, hay algo malo en tu caminar cristiano. No lo estás provocando. No estás enloqueciéndolo suficientemente. No estás alborotándolo. Cuando paso un día sin una confrontación frontal con Satanás, me preocupo. Podría significar que estoy haciendo algo que a él le gusta.

Conoce a tu enemigo. Para este momento, deberías conocerlo muy bien. En los capítulos anteriores, vimos cada aspecto de su organización y estrategia. Aprendimos acerca de su cadena de mando y su carácter engañoso. Descubrimos cómo trata de mantener débiles e ineficaces a los cristianos y cómo usa las puertas de las pasiones, el ego y la voluntad para entrar a tu vida y manipularte. También aprendimos cómo Satanás fue totalmente derrotado en la cruz, y cómo debemos aplicar esa victoria a nuestras propias vidas para mantenerlo en fuga.

Todos en el lado del diablo se dan cuenta de que esta vez le llegó la hora, que la guerra invisible está por concluir. Y así quiero usar el último capítulo de este libro para darte una idea de la enseñanza bíblica sobre el futuro: lo que será el fin del enemigo y sus secuaces, y lo que Dios promete a sus soldados.

CONDENA PARA SATANÁS

La Biblia nos enseña que inmediatamente antes del regreso de Cristo, habrá una ola de rebelión y pecado en todo el mundo. Esta ola recorrerá todo el planeta, porque el diablo y sus ángeles caídos saben que están a punto de ser derrotados. Apocalipsis 20:7-15 describe esta rebelión final:

> Cuando los mil años se cumplan, Satanás será suelto de su prisión, y saldrá a engañar a las naciones que están en los cuatro ángulos de la tierra, a Gog y a Magog, a fin de reunirlos para la batalla; el número de los cuales es como la arena del mar. Y subieron sobre la anchura de la tierra, y rodearon el campamento de los santos y la ciudad amada; y de Dios descendió fuego del cielo, y los consumió. Y el diablo que los engañaba fue lanzado en el lago de fuego y azufre, donde estaban la bestia y el falso profeta; y serán atormentados día y noche por los siglos de los siglos. Y vi un gran trono blanco y al que estaba sentado en él, de delante del cual huyeron la tierra y el cielo, y ningún lugar se encontró para ellos. Y vi a los muertos, grandes y pequeños, de pie ante Dios; y los libros fueron abiertos, y otro libro fue abierto, el cual es el libro de la vida; y fueron juzgados los muertos por las cosas que estaban escritas en los

libros, según sus obras. Y el mar entregó los muertos que había en él; y la muerte y el Hades entregaron los muertos que había en ellos; y fueron juzgados cada uno según sus obras. Y la muerte y el Hades fueron lanzados al lago de fuego. Esta es la muerte segunda. Y el que no se halló inscrito en el libro de la vida fue lanzado al lago de fuego.

Los términos *Gog* y *Magog* son figuras simbólicas que representan a las naciones del mundo que se alían para el asalto final sobre Dios y su pueblo. Son simplemente naciones hostiles de todo el mundo. Estas naciones no tienen poder duradero. Observa que Dios interviene de manera sobrenatural, milagrosa y poderosa a favor de sus hijos, y que los salva del fuego que engulle a sus enemigos.

Pero también notarás que el diablo no se consume por el fuego del cielo, sino que más bien es lanzado al lago de fuego para ser atormentado día y noche, por los siglos de los siglos.

¿No es eso maravilloso? El gran engañador que engaña a jovencitos para que usen drogas, que engaña a esposos y esposas para que destruyan sus matrimonios, que con engaños hace creer a las personas que no necesitan a Dios, que las engaña para que crean que Dios no las ama, que las engaña para que mientan, embauquen y maldigan, que engaña a las personas haciéndolas robar, matar y destruir las reputaciones de otros seres humanos; él y todos los que le pertenecen serán arrojados al lago de fuego.

Sin embargo, ¿cómo sabemos que esto sucederá?

> Cuando murió y resucitó, Jesús pronunció la sentencia de Satanás y la cumplirá cuando regrese.

Cuando murió y resucitó, Jesús pronunció la sentencia de Satanás y la cumplirá cuando regrese. Mira Juan 12, donde Jesús estaba preparándose para los acontecimientos que llevarían a su muerte. Algunos griegos que habían venido a Jerusalén para la celebración de la Pascua les dijeron a los discípulos que querían conocer a Jesús, por lo cual Felipe y Andrés se acercaron a Él para transmitirle la petición:

> Jesús les respondió diciendo: Ha llegado la hora para que el Hijo del Hombre sea glorificado. De cierto, de cierto os digo, que si el grano de trigo no cae en la tierra y muere, queda solo; pero si muere, lleva mucho fruto (12:23-24).

Jesús habló de su muerte como la hora en que "el Hijo del Hombre" sería "glorificado", que no era la manera obvia de describir la muerte. Además, dijo que su muerte no sería el fin, sino que resultaría en una multiplicación más grande y gloriosa de vida, al igual que la muerte de un grano de trigo. Poco después fue aún más explícito:

> Ahora es el juicio de este mundo; ahora el príncipe de este mundo será echado fuera. Y yo, si fuere levantado de la tierra, a todos atraeré a mí mismo (12:31-32).

Jesús dictaminó: "El gobierno de Satanás está a punto de terminar. Él cree que al crucificarme estará frustrando el plan de Dios para la creación, pero ocurrirá lo contrario. Cuando yo resucite de la cruz, atraeré hacia mí a creyentes de toda la humanidad". El Señor Jesucristo condenó a Satanás, y ahora solo es cuestión de tiempo antes que Cristo complete la obra que empezó en la cruz. Él va a ejecutar juicio sobre Satanás y todos sus demonios. Ni uno de ellos va a escapar. El poder de Dios se los llevará como restos de naufragio en marea alta.

Al final de su ministerio terrenal, Jesús ya había dado amplio aviso de su poder sobre las fuerzas demoníacas. Con solo estar cerca, los hacía temblar. En una ocasión, un hombre le imploró que curara a su hijo único:

> Al día siguiente, cuando descendieron del monte, una gran multitud les salió al encuentro. Y he aquí, un

hombre de la multitud clamó diciendo: Maestro, te ruego que veas a mi hijo, pues es el único que tengo; y sucede que un espíritu le toma, y de repente da voces, y le sacude con violencia, y le hace echar espuma, y estropeándole, a duras penas se aparta de él. Y rogué a tus discípulos que le echasen fuera, y no pudieron. Respondiendo Jesús, dijo: ¡Oh generación incrédula y perversa! ¿Hasta cuándo he de estar con vosotros, y os he de soportar? Trae acá a tu hijo. Y mientras se acercaba el muchacho, el demonio le derribó y le sacudió con violencia; pero Jesús reprendió al espíritu inmundo, y sanó al muchacho, y se lo devolvió a su padre. Y todos se admiraban de la grandeza de Dios (Lucas 9:37-43).

Más tarde Jesús comisionó a setenta de sus discípulos a salir y ejercer el mismo ministerio de sanidad. Lucas informa que ellos regresaron "con gozo, diciendo: Señor, aun los demonios se nos sujetan en tu nombre" (Lucas 10:17). De inmediato Jesús les recordó que la impotencia de Satanás en la presencia de Dios no es nada nuevo:

Y les dijo: Yo veía a Satanás caer del cielo como un rayo. He aquí os doy potestad de hollar serpientes y escorpiones, y sobre toda fuerza del enemigo, y nada os dañará. Pero no os regocijéis de que los espíritus se os sujetan, sino regocijaos de que vuestros nombres están escritos en los cielos (Lucas 10:18-20).

En el momento de la crucifixión, Satanás ya había recibido un anticipo de su derrota final. Pero solo se trató de un anticipo.

En su primera venida, Jesús ató los poderes demoníacos, liberando de enfermedad física a algunas personas, abriendo los ojos de los ciegos y los oídos de los sordos, y soltando la lengua de los mudos. Pero en su *segunda venida*, va a liberar de sus enfermedades a *todos* sus hijos.

En la primera venida de Jesús, aquellas personas que había resucitado, en última instancia, tuvieron que volver a morir. Pero en su *segunda venida* va a resucitar a *todos* sus hijos a fin de que vivan para siempre.

> En el momento de la crucifixión, Satanás ya había recibido un anticipo de su derrota final.

En su primera venida, Jesús liberó a todas las personas endemoniadas que le llevaron. Pero en su *segunda venida*, va a liberar de la opresión y la depresión satánica a *todos* sus hijos.

Otra vez Jesús dio la pista antes de su muerte y resurrección. En la parábola del trigo y la cizaña, un enemigo llegó y sembró semillas en el campo de trigo de un granjero. Los siervos del agricultor se ofrecieron a ir y arrancar la cizaña, pero el granjero les advirtió que no lo hicieran porque, casi con seguridad, también arrancarían el trigo. En lugar de eso, les dijo que debían esperar hasta que tanto el trigo como la cizaña hubieran crecido por completo, y entonces debían cosechar primero la cizaña y quemarla. De igual modo, Jesús explicó:

> De manera que como se arranca la cizaña, y se quema en el fuego, así será en el fin de este siglo. Enviará el Hijo del Hombre a sus ángeles, y recogerán de su reino a todos los que sirven de tropiezo, y a los que hacen iniquidad, y los echarán en el horno de fuego; allí será el lloro y el crujir de dientes. Entonces los justos resplandecerán como el sol en el reino de su Padre. El que tiene oídos para oír, oiga (Mateo 13:40-43).

Es obvio que este pasaje no es el favorito de Satanás. Es más, en muchas iglesias de hoy, está de moda no creer en el infierno... y te sugieren que, si crees en él, por amor de Dios, ¡no hables del infierno!

¿Por qué hablar del infierno?

Comprendo que aquí estoy en terreno difícil. Las iglesias en general dejaron de creer en el infierno cuando dejaron de creer en la Biblia. Hoy día muchas iglesias evangélicas populares se niegan a predicar sobre el infierno porque, según te dicen, los sermones sobre las llamas del infierno no atraen buscadores amistosos. No son una buena estrategia de mercadeo para las iglesias, pues no ganan amigos ni influyen en las personas.

El infierno también es un tema tabú, y eso le viene muy bien a Satanás. El diablo no quiere oír a predicadores que les dicen a las personas que salgan del campamento de Satanás y entren al de Jesús. El enemigo no quiere oír a predicadores que les dicen a las personas que, a menos que se arrepientan y crean en Jesucristo, van a pasar la eternidad con Satanás y todos sus demonios. El diablo no quiere oír a predicadores que advierten a las personas de que escapen del juicio eterno que vendrá sobre el mundo. El diablo no quiere oír a predicadores hablar acerca del lago de fuego preparado para él y sus ángeles.

Por tanto, minimizar la verdad respecto a todas estas cosas, como hacen muchas iglesias, se ajusta a la perfección a los deseos de Satanás. Él no se molesta cuando las personas ríen ante la idea de fuego, azufre y un diablo personal. Cuando la gente resta importancia al infierno y lo trata como una broma, el enemigo se deleita. Mientras menos personas tomen en serio el infierno, probablemente más compañeros tendrá Satanás.

> Cuando la gente resta importancia al infierno y
> lo trata como una broma, el enemigo se deleita.
> Mientras menos personas tomen en serio el infierno,
> probablemente más compañeros tendrá Satanás.

Pero por mucho que me duela molestar el sueño de alguien, no puedo predicar nada más y nada menos que la verdad de la Biblia. ¿Estoy tratando de asustarte para que entres al cielo? Sí, así es. No dudo en absoluto en aterrorizarte, mientras eso te lleve al interior del reino de Dios. Después de todo, a diferencia de una película taquillera de terror, el infierno es *real*. Deberías estar *asustado*, a menos por supuesto que ya estés en el lado de Dios, en cuyo caso la muerte y el infierno no deberían aterrarte.

El gran predicador evangelista Peter Cartwright fue un domingo por la mañana a predicar a una iglesia.

—Señor Cartwright —le advirtieron al entrar al templo—, haga lo que haga, tenga mucho cuidado con lo que dice. El presidente Andrew Jackson estará hoy en la reunión.

—Muy bien —asintió Cartwright y, cuando se levantó a predicar, continuó—: Me dijeron que el presidente Andrew Jackson está en la congregación. Bueno, déjenme decir antes de predicar que el presidente Andrew Jackson se va a ir al infierno si no cree en Jesucristo.

Las personas se quedaron pasmadas. Estaban aterrorizadas. No sabían hacia dónde mirar. Y después de la reunión, la mayoría de ellas salieron del edificio con la barbilla en alto.

Pero no el presidente. Andrew Jackson se acercó a Cartwright y le estrechó calurosamente la mano.

—Señor —le expresó—, quiero decirle esta mañana que si yo tuviera cien hombres como usted en mi regimiento, podría tomar el mundo.

¿Qué nos enseña la Biblia en cuanto al infierno?

La Biblia contiene varias imágenes del infierno. Una de ellas está en la parábola que Jesús contó acerca de las ovejas y los cabritos. Recuerda que las ovejas se distinguían de las cabras en la manera en que trataban a los "hermanos más pequeños" (Mateo 25:40). Como Jesús explicó, las ovejas a la mano derecha del Rey eran los justos, aceptados en la vida eterna por servir a los enfermos, los extranjeros y los prisioneros. Por el contrario, las cabras reunidas a la izquierda del Rey habían cometido la equivocación de hacer exactamente lo opuesto. Jesús declaró:

Entonces dirá también a los de la izquierda: Apartaos de mí, malditos, al fuego eterno preparado para el diablo y sus ángeles (Mateo 25:41).

La misma representación del infierno, como un lugar de fuego eterno, puede verse en la parábola del hombre rico y Lázaro, y también en el libro de Apocalipsis. Pero la imagen de Mateo respecto a las ovejas y los cabritos nos dice algo importante. Aunque los incrédulos irán a parar al lago de fuego, este *no fue preparado para ellos*. Fue preparado para Satanás y sus ángeles, y existía mucho antes de la creación de Adán. Incluso ahora ese lago está esperando. Juan describe ese acontecimiento venidero a través de los ojos de la fe, que pueden ver el futuro como una realidad presente:

El diablo que los engañaba fue lanzado en el lago de fuego y azufre, donde estaban la bestia y el falso profeta; y serán atormentados día y noche por los siglos de los siglos (Apocalipsis 20:10).

Observa algo más. La Biblia deja en claro que el infierno es un lugar literal. No es un estado mental, un producto de la imaginación ni un recurso literario. No, el infierno es un lugar real, al igual que Washington D.C., París u Honolulu. Leer el texto en cualquier otra forma es complacerse en ilusiones.

> La Biblia deja en claro que el infierno es un lugar literal. No es un estado mental, un producto de la imaginación ni un recurso literario.

Jesús también fue explícito en cuanto al sufrimiento intenso de quienes van a estar allí. Él hizo hincapié en que no hay forma de regresar del infierno y que ese lugar constituye separación eterna de los seres queridos; en realidad, establece separación eterna de todo lo que es bueno y santo, incluso Dios mismo.

Jesús habló de estas cosas no porque se deleitara en ellas, sino para advertirnos. Saber que el infierno existe, y saber cómo es, nos ayuda a no ir allí. Lo último que Dios quiere es que alguien más siga a Satanás hacia el castigo eterno.

Sin embargo, si el infierno es un lugar literal, ¿es también *literalmente* un lago que arde por toda la eternidad? Veintiún lugares en la Biblia, todos en el Nuevo Testamento, se refieren al infierno como un lugar de fuego que no se extingue. Algunas personas consideran que la única verdad digna de tener en cuenta es una verdad literal, e insisten en que, si la Biblia habla del infierno como un lago de fuego, entonces debe ser exactamente eso. En respuesta, sus críticos han señalado que debido a que la tierra, y en realidad el universo, contiene una cantidad finita de material combustible, tarde o temprano un infierno literal se quedaría sin combustible. Algunos incluso han intentado calcular cuántos millones de años pasarán antes que esto suceda. Sostienen que si el infierno solo puede arder mientras su fuego pueda alimentarse, entonces no es *eterno*.

Creo que toda esta discusión es una pérdida de tiempo. La Biblia está llena de expresiones que Dios no espera que tomemos de modo literal. Como un ejemplo tomado al azar, no seríamos justos con las Escrituras si insistiéramos en que la "mujer vestida del sol" en Apocalipsis 12:1 literalmente usa el sol como un par de pantalones vaqueros. Eso no es lo que Juan quiso que creyéramos. En este y en muchos otros casos, la Biblia utiliza una figura de lenguaje para ilustrar un principio, y hay dos aspectos que debemos recordar en cuanto al uso de lenguaje y los símbolos figurados.

En primer lugar, los *símbolos en la Biblia no tienen la finalidad de empañar un asunto ni disminuir su importancia.* Que un pasaje o una frase sean simbólicos no los hace menos ciertos. Simplemente, nos lleva a tener en cuenta que algunas realidades espirituales no pueden describirse de manera directa o por medios literales. La verdad está tan lejos de nuestra experiencia común, que usar símbolos o figuras de lenguaje es la única forma de ayudar a nuestras mentes finitas a captarla.

En segundo lugar, es importante recordar que *lo que se simboliza siempre es más grande que el símbolo.* Daré un ejemplo. Dos veces al mes en mi iglesia, tenemos una mesa de comunión que tiene un poco de pan y algo de vino. Decimos que el pan representa el cuerpo del Señor Jesucristo. No se trata *realmente* del cuerpo del Señor Jesucristo, porque su cuerpo está en el cielo. Él ya está allí a la diestra del Padre. Pero el pan sirve para recordarnos el cuerpo de Cristo. Dios acomoda nuestras mentes finitas.

Esto es exactamente lo que sucede en Apocalipsis cuando leemos acerca de calles de oro y puertas llenas de piedras preciosas. ¿Está Dios poniendo un valor comercial en el cielo? Para nada. Él usa de nuestro propio mundo aquello que nos ayude a visualizar cosas en un mundo que nunca hemos visto.

De igual manera, no se supone que debamos tomar la frase "lago de fuego" en su valor nominal. El infierno es algo más que un lago literal de fuego y, en realidad, algo mucho peor. Si pudiéramos tomar una fotografía del infierno, es posible que no se parezca a un lago ni a un incendio; sin embargo, "lago de fuego" es en nuestro idioma la expresión que transmite, más exactamente que cualquier otra, cómo se siente estar allí.

Anatomía del infierno

Fuego no es la única idea que la Biblia usa para describir al infierno. Cuatro símbolos más nos muestran qué tipo de lugar es el infierno y qué horrible destino es quedar atrapado en su interior:

1. Confinamiento

La parábola del siervo implacable (Mateo 18:21-35) representa al infierno como una cárcel. Pero el infierno no se parece a una cárcel física. Las cárceles terrenales confinan el cuerpo, pero no el alma y la mente. Las prisiones terrenales no pueden encadenar el espíritu. Sin que importe lo que le ocurra al cuerpo, el espíritu es libre para adorar, libre para crear, libre para imaginar, libre para anticipar, libre para esperar.

Cuando Pablo y Silas fueron golpeados y lanzados a una cárcel filipense, sufrieron algunas de las peores privaciones que una cárcel humana puede ofrecer. Sin embargo, ellos cantaban y alababan a Dios. El confinamiento físico no pudo reprimirles el gozo en el Señor. Ellos tomaron en serio las palabras de Jesús en Mateo 10:28: "no temáis a los que matan el cuerpo, mas el alma no pueden matar".

Pero hay una segunda y más escalofriante parte en las palabras de Jesús: "Temed más bien a aquel que puede destruir el alma y el cuerpo en el infierno" (10:28). Este lugar encierra no solo carne y sangre, sino también imaginación, pensamiento, creatividad y esperanza. Y lo hace de manera permanente.

> El infierno encierra no solo carne y sangre, sino también imaginación, pensamiento, creatividad y esperanza. Y lo hace de manera permanente.

A los prisioneros en Venecia se los alojaba en un edificio al que se accedía por un solo puente sobre un canal. Este puente, que aún permanece, se llama Puente de los Suspiros, porque ningún prisionero que lo cruzaba regresaba en sentido opuesto.

El infierno conserva a sus víctimas, ¡y hace que la cárcel de mayor seguridad parezca un campamento de niños exploradores!

2. Tinieblas

Juan declaró en Apocalipsis que la nueva ciudad de Dios no necesitará luz creada, porque Jesús mismo la iluminará. Jesús es la luz del mundo.

Por el contrario, al infierno se lo representa como un lugar de tinieblas perpetuas. "Atadle de pies y manos, y echadle en las tinieblas de afuera…", ordenó el rey a sus siervos en la parábola de la fiesta de bodas, condenando así al infierno al hombre que se había colado en la celebración (Mateo 22:13). De igual manera, en la parábola de los talentos el rey ordenó: "…al siervo inútil echadle en las tinieblas de afuera" (Mateo 25:30).

En cierto sentido, esta oscuridad es literal, porque el infierno no tiene mañana o noche, crepúsculos ni puestas gloriosas de sol.

Tanto el intruso en la fiesta de bodas como el siervo inútil están *excluidos* de los lugares a donde una vez pertenecieron. El infierno es un lugar donde las cosas *no* suceden, un lugar de ignorancia y lobreguez. No hay luz para leer, pero tampoco hay periódicos para ojear ni noticias en absoluto.

3. Sufrimiento

El intruso en la boda y el siervo inútil encontraron "lloro y crujir de dientes" en las tinieblas de afuera. El infierno es un lugar de sufrimiento terrible, un lugar de agonía constante. No hay alivio, ni por un segundo.

Jesús contó la historia del hombre rico y el mendigo Lázaro, cuyos destinos se invirtieron después de la muerte, de modo que Lázaro fue llevado por ángeles al seno de Abraham, mientras el rico se tostaba en el infierno.

> Aconteció que murió el mendigo, y fue llevado por los ángeles al seno de Abraham; y murió también el rico, y fue sepultado. Y en el Hades alzó sus ojos, estando en tormentos, y vio de lejos a Abraham, y a Lázaro en su seno. Entonces él, dando voces, dijo: Padre Abraham, ten misericordia de mí, y envía a Lázaro para que moje la punta de su dedo en agua, y refresque mi lengua; porque estoy atormentado en esta llama (Lucas 16:22-24).

4. Soledad

A menudo se dice que las personas que van al infierno, al menos, estarán en buena compañía. George Bernard Shaw comentó en cierta ocasión que todas las personas interesantes estarán en el infierno. El apóstol Juan da una corta lista de estas agradables personas: "Los cobardes e incrédulos, los abominables y homicidas, los fornicarios y hechiceros, los idólatras y todos los mentirosos tendrán su parte en el lago que arde con fuego y azufre, que es la muerte segunda" (Apocalipsis 21:8).

Bueno, yo no invitaría a estos individuos a *mi* fiesta de cumpleaños. Y es poco probable que en el infierno se disfrute la compañía de esta tripulación poco fiable, porque no hay comunión allí. Una de las características de este lugar es el aislamiento absoluto de cada individuo. C. S. Lewis dijo en cierta ocasión que no hay relaciones personales en el infierno. Es un confinamiento solitario. Una vez allí, todos los sentimientos de apego, amistad y amor se olvidarán para siempre.

> No hay relaciones personales en el
> infierno. Es un confinamiento solitario.

Con tanto en juego, no asombra que estemos luchando en la guerra invisible. Pero llegará el día cuando ya no tendremos más batallas.

MIRADA AL FUTURO

Debemos conocer a nuestro enemigo para entenderlo, superarlo, mantenernos fuera de su alcance y ahuyentarlo. Pero al mismo tiempo, no debemos permitir que nuestras prioridades estén fuera de orden. No debemos halagar a Satanás pensando tanto en él que llegue a dominar nuestras vidas. Debemos ser sobrios y velar.

Sin embargo, también debemos estar orientados en lo positivo, manteniendo la mirada puesta en Jesús, el autor y consumador de nuestra fe. Cuanto más nos acercamos a Él, y más apreciamos y llegamos a valorar las cosas buenas del reino de Dios, más natural será para nosotros rechazar las tentaciones del diablo, así como vivir en el Espíritu.

Uno de mis amigos que era miembro de la iglesia murió hace algún tiempo. Él sabía que iba a morir y, en las últimas semanas de su vida, se dedicó a hablar del cielo a tantas personas como pudo. Hasta el final miró hacia el futuro. Mi amigo dijo: "Había sido religioso toda mi vida, pero el 28 de marzo de 1995, Jesús vino a mi vida por primera vez". Se lo dijo a todos sus amigos. Se lo dijo a toda su familia. Era muy emocionante ver a alguien con la mirada puesta en el cielo. Este hombre tenía la perspectiva correcta.

Al fin y al cabo, no puedes comparar lo emocionante del cielo con los horrores del infierno.

LA PROMESA DEL CIELO

¿Qué recompensa tiene entonces Dios para los que pelean en su ejército? ¿Será tal como sucede en el cielo, donde reinará el pueblo de Dios una vez que la batalla finalice?

Algunos afirman que ese cielo solo es un estado mental, y quienes sostienen esto a menudo son las mismas personas que nos dicen la mentira idéntica acerca del infierno. Declaran que el cielo es una idea abstracta. Ilusiones. Una figura del lenguaje.

A tales individuos pesimistas quiero decirles, fuerte y claro, que el cielo es un lugar real. Jesús lo indicó en Juan 14. Él usa la palabra griega *topos*, que significa exactamente eso. Un lugar. Una ubicación. El Señor les dijo a sus discípulos:

> No se turbe vuestro corazón; creéis en Dios, creed también en mí. En la casa de mi Padre muchas moradas hay; si así no fuera, yo os lo hubiera dicho; voy, pues, a preparar lugar para vosotros (14:1-2).

Jesús existió en el cielo durante la eternidad anterior a su encarnación; por tanto, lo que afirma acerca del cielo debe ser suficiente.

Sin embargo, muchos otros vieron el cielo. Permíteme darte algunos ejemplos.

Justo antes de ser asesinado, Esteban, uno de los primeros diáconos de la iglesia, manifestó: "…He aquí, veo los cielos abiertos, y al Hijo del Hombre que está a la diestra de Dios" (Hechos 7:56).

Y Juan, el apóstol que Dios eligió para dar un breve vistazo de la eternidad, dijo: "Después de esto miré, y he aquí una puerta abierta en el cielo…" (Apocalipsis 4:1).

Nada de idea abstracta. Ninguna figura del lenguaje. El cielo es un lugar auténtico con personas auténticas que tienen cuerpos auténticos. Vida y gozo auténticos. Paz auténtica. Incluso allá hay ángeles auténticos.

Y allí es donde está mi verdadero hogar. Es más, todos los soldados en el ejército de Dios irán allá.

La Biblia nos ofrece seis descripciones de nuestra vida en el cielo:

1. Tendremos comunión ininterrumpida con Dios

—¿Qué espera hacer usted cuando llegue al cielo? —le preguntó alguien en cierta ocasión a D. L. Moody.

—Espero pasar los primeros mil años mirando a Jesús — contestó.

No estoy emocionado por las puertas de perlas y las calles de oro, sean como sean. Al igual que Moody, estoy emocionado por pasar años simplemente mirando a Jesús. El apóstol Pablo sabía que esto iba a suceder: "Ahora vemos por espejo, oscuramente; mas entonces veremos cara a cara..." (1 Corintios 13:12).

¡Veré cara a cara a mi Señor! Y tú también.

¡Veré cara a cara a mi Señor! Y tú también.

Después que Jesús dijo a sus discípulos que iba a preparar un lugar para ellos, les prometió:

> Y si me fuere y os preparare lugar, vendré otra vez, y os tomaré a mí mismo, para que donde yo estoy, vosotros también estéis (Juan 14:3).

El cielo no sería cielo sin Jesús y sin la capacidad de tener comunión eterna con Él.

2. Descansaremos de la batalla

El cielo es un lugar real, un lugar de descanso. Al describir su visión del cielo, Juan declaró:

> Oí una voz que desde el cielo me decía: Escribe:
> Bienaventurados de aquí en adelante los muertos que
> mueren en el Señor. Sí, dice el Espíritu, descansarán
> de sus trabajos, porque sus obras con ellos siguen
> (Apocalipsis 14:13).

Algunas personas creen que esto significa que estaremos ociosos en el cielo. Esa podría ser la visión de la gran sociedad, pero no fue la visión de Juan. Él no nos vio acostados sobre nubes mullidas y rasgueando arpas. ¡Para nada!

Pero descansaremos de la batalla espiritual contra Satanás y el mundo. Ya no tendremos que luchar con tentaciones ni con el diablo. No tendremos que luchar constantemente para impedir que el mundo trate de meternos en su molde.

Lo demás en el cielo es parecido al concepto de la Biblia sobre el día de reposo. Por desdicha, este día terrenal de descanso es uno de los mandamientos más malinterpretados. El día de reposo no fue creado para jugar golf o tenis, o para ir a la playa. (No pretendo contrariar a alguien aquí, pero simplemente ese no es el concepto bíblico).

Dios apartó el día de reposo para que podamos quitar nuestras mentes de la actividad mundana y rutinaria común, a fin de enfocarnos en Él. Este será un día de reposo para el Señor.

Recuerda lo que Jesús les dijo a los fariseos cuando a ellos les preocupaba que los discípulos violaran la ley al recolectar algunas espigas de trigo el día de reposo. Según los fariseos, juntar grano era trabajar, y trabajar estaba prohibido en día de reposo. Por eso Jesús les explicó: "…El día de reposo fue hecho por causa del hombre, y no el hombre por causa del día de reposo. Por tanto, el Hijo del Hombre es Señor aun del día de reposo" (Marcos 2:27-28).

El día de reposo es un tiempo apartado porque Dios sabe que, de otro modo, estaríamos atareados trabajando duro, dejando fuera a Dios. Por eso el día de reposo es una jornada de veinticuatro horas dentro de la semana en que nos enfocamos en Dios. Nos enfocamos solo en Él: su santidad, su majestad, su dominio, su poder, su misericordia, su gracia.

> Pasaremos de lo secular a lo sagrado, de lo rutinario
> a lo santo, de lo mundano a lo majestuoso... no
> solo un día a la semana, sino todo el tiempo.

Y cuando la Biblia habla de reposar en la eternidad, eso es exactamente lo que haremos. Pasaremos de lo secular a lo sagrado, de lo rutinario a lo santo, de lo mundano a lo majestuoso... no solo un día a la semana, sino todo el tiempo.

3. Serviremos al Señor

El cielo es un lugar real, un lugar de reposo y un lugar donde serviremos a nuestro Señor. Juan también dijo acerca del cielo:

> Y no habrá más maldición; y el trono de Dios y del Cordero estará en ella, y sus siervos le servirán, y verán su rostro, y su nombre estará en sus frentes (Apocalipsis 22:3-4).

La palabra griega traducida "servirán" aquí, *latreúo*, indica que habrá servicio alegre, entusiasta y voluntario para el Señor Dios. Cualquiera que sea el servicio, no será una tarea. No estará acompañado de fatiga. Nuestro servicio vendrá de nuestra gratitud a Dios por redimirnos, por llevarnos al cielo en primer lugar.

La Biblia brinda un indicio de que este servicio incluye reinar y gobernar con Dios. ¿Has pensado en esto?

En Mateo 25, el señor le dijo al siervo fiel:

> Bien, buen siervo y fiel; sobre poco has sido fiel, sobre mucho te pondré; entra en el gozo de tu señor (25:23).

No cambia nada que yo reciba un dólar o diez billones de dólares para manejar en esta vida, porque a Dios le pertenece todo. Lo que importa es cuán fiel he sido con lo que me ha dado.

¿Y qué respecto a ti? ¿Te dirá el Señor estas palabras: "Bien, buen siervo y fiel"?

4. Tendremos pleno conocimiento

El cielo es un lugar real, un lugar de reposo, un lugar de servicio y un lugar donde sabremos y comprenderemos todas las cosas. Después que Pablo dijo a los cristianos en Corinto: "Ahora vemos por espejo, oscuramente; mas entonces veremos cara a cara", añadió: "Ahora conozco en parte; pero entonces conoceré como fui conocido" (1 Corintios 13:12).

Con mucha frecuencia, oímos preguntas como: "¿Por qué permite Dios que ocurran cosas malas a personas buenas?".

En la tierra, no sé por qué se producen enfermedades, guerras y sufrimientos. En el cielo, lo entenderé todo. Aquí no sé por qué ocurren terremotos y huracanes. Pero allá lo comprenderé todo. Veré las cosas con tal claridad desde la perspectiva de Dios, que ni siquiera habrá necesidad de hacer preguntas.

Y ni por un momento creo que alguien se atreva a decir: "Dios, no me diste una oportunidad justa", especialmente aquellos que lo rechazaron.

5. Estaremos en un lugar de gloria continua

Un lugar real, un lugar de reposo, un lugar de servicio, un lugar donde lo sabremos todo y un lugar de gloria continua.

Si hoy día no pasas tiempo mirando hacia el cielo, algo está mal con tu fe. No llevas una vida victoriosa, la vida que Pablo describió a los corintios.

El apóstol no enseñó la Palabra de Dios en un santuario con aire acondicionado. En Éfeso, por ejemplo, podía alquilar un salón únicamente cuando los filósofos no lo estaban ocupando. Y todos los salones estaban reservados durante la mañana y la noche, que eran las horas frescas del día. Así que Pablo solo podía enseñar a mediodía, en el calor sofocante, cuando todo el mundo descansaba.

Soldados flagelaron varias veces a Pablo en la espalda. Las personas lo apedrearon. Los romanos lo persiguieron, al igual que los judíos. Algunos cristianos que nunca pudieron olvidar cómo Pablo los había perseguido antes que se convirtiera en el camino a Damasco, incluso, lo odiaron. En medio de todo esto, él se centró en el cielo para poder soportar las presiones de la tierra:

> Por tanto, no desmayamos; antes aunque este nuestro hombre exterior se va desgastando, el interior no obstante se renueva de día en día. Porque esta leve tribulación momentánea produce en nosotros un cada vez más excelente y eterno peso de gloria; no mirando nosotros las cosas que se ven, sino las que no se ven; pues las cosas que se ven son temporales, pero las que no se ven son eternas (2 Corintios 4:16-18).

En el cielo, se revelará el carácter de Dios
en nosotros a tal grado, que seremos
transformados para ser como Él.

La palabra *gloria* en este pasaje se refiere a la revelación del carácter de Dios en Jesucristo. En el cielo, se revelará el carácter de Dios en nosotros a tal grado, que seremos transformados para ser como Él. Pablo escribió a los cristianos colosenses:

> Si, pues, habéis resucitado con Cristo, buscad las cosas de arriba, donde está Cristo sentado a la diestra de Dios. Poned la mira en las cosas de arriba, no en las de la tierra. Porque habéis muerto, y vuestra vida está escondida con Cristo en Dios. Cuando Cristo, vuestra vida, se manifieste, entonces vosotros también seréis manifestados con él en gloria (Colosenses 3:1-4).

6. Estaremos en constante adoración

Por último, en el cielo estaremos en constante adoración. Por favor, siempre que pienses en la adoración en el cielo, no te sientas tentado a equipararla con el culto de adoración del domingo a las once de la mañana en la iglesia muerta promedio.

En cierta ocasión, me hablaron de uno de los ciudadanos más destacados de Inglaterra, quien le confesó a Lord Riddle: "Cuando yo era joven, pensar en el cielo era más aterrador para mí que pensar en el infierno… Imaginaba el cielo como un lugar donde el tiempo sería domingos perpetuos, con reuniones perpetuas de once de la mañana, de las que no había cómo escapar. Fue una horrible pesadilla que me convirtió en ateo durante diez años".

En lugar del culto promedio del domingo por la mañana, piensa en la adoración que se describe en Apocalipsis 19. Ese libro nos ofrece una imagen de la exuberancia, la emoción y el gozo indescriptible de la adoración en el cielo. Juan declaró:

> Después de esto oí una gran voz de gran multitud en el cielo, que decía: ¡Aleluya! Salvación y honra y gloria y poder son del Señor Dios nuestro; porque sus juicios son verdaderos y justos; pues ha juzgado a la gran ramera que ha corrompido a la tierra con su fornicación, y ha vengado la sangre de sus siervos de la mano de ella… Y los veinticuatro ancianos y los cuatro seres vivientes se postraron en tierra y adoraron a Dios, que estaba sentado en el trono, y decían: ¡Amén! ¡Aleluya! Y salió del trono una voz que decía: Alabad a nuestro Dios todos sus siervos, y los que le teméis, así pequeños como grandes (Apocalipsis 19:1-2, 4-5).

Solo puedo imaginar el sonido y la escena de todos los creyentes de todas las épocas reunidos con la infinidad de ángeles y músicos, adorando todos al Señor.

Solo puedo imaginar el sonido y la escena de todos los creyentes de todas las épocas —santos del Antiguo Testamento, santos del

Nuevo Testamento, santos de todos los tiempos— reunidos con la infinidad de ángeles y músicos, adorando todos al Señor, quien se encuentra allí en medio de todos ellos. Imagino los gritos de aleluya y los amenes realzando el punto culminante de los cantores en el cielo y la fanfarria de las trompetas celestiales. En *El problema del dolor*, C. S. Lewis declaró del cielo:

> Todas las cosas que alguna vez han atrapado profundamente tu alma solo han sido indicios de ello: visiones tentadoras, promesas no cumplidas del todo, ecos que se extinguieron justo al llegar a tus oídos. Pero si realmente llegara a manifestarse, si alguna vez viniera un eco que no se extinguiera, sino que fuera creciendo dentro del sonido mismo, lo sabrías. Más allá de toda posibilidad de duda, expresarías: "Aquí está por fin aquello para lo que fui creado". Las personas se preguntaban qué habría querido decir él, hasta que continuó diciendo:
>
> Te alabaremos con nuestros dos ojos, mirándote solo a ti. Te exaltaremos con nuestros dos oídos, escuchando solo tu voz. Te alabaremos con nuestras dos manos, trabajando en tu servicio. Te honraremos con nuestros dos pies, andando en el camino de tus estatutos. Te enalteceremos con nuestras lenguas, dando testimonio de tu bondad amorosa. Te adoraremos con nuestros corazones, amándote solo a ti. Te agradecemos por este instrumento, Señor. Mantenlo en sintonía. Tócalo como quieras, y toca las melodías de tu gracia. Que las armonías que emite expresen siempre tu gloria.

Espero verte allí. ¡Mantén la fe!

ACERCA DE MICHAEL YOUSSEF

Michael Youssef nació en Egipto y vivió en el Líbano y Australia antes de mudarse a Estados Unidos. Posee títulos de Australia y de Estados Unidos, y obtuvo un doctorado en Antropología Social en la universidad Emory. Michael sirvió durante casi diez años en el Instituto Haggai, viajando alrededor del mundo y enseñando principios sobre liderazgo. Llegó a la posición de director ejecutivo a los treinta y un años de edad, y la familia se estableció en Atlanta.

En 1987 el doctor Youssef fundó una iglesia con poco menos de cuarenta adultos, con la misión de "equipar a los santos y buscar a los perdidos". Desde entonces, la iglesia ha crecido hasta convertirse en una congregación de más de tres mil personas. Esta iglesia sobre una colina fue la plataforma de lanzamiento para Leading The Way, un ministerio internacional cuyos programas de radio y televisión son oídos y vistos por millones en Estados Unidos y el extranjero.

**EDITORIAL
PORTAVOZ**

NUESTRA VISIÓN

Maximizar el efecto de recursos cristianos de calidad que transforman vidas.

NUESTRA MISIÓN

Desarrollar y distribuir productos de calidad —con integridad y excelencia—, desde una perspectiva bíblica y confiable, que animen a las personas a conocer y servir a Jesucristo.

NUESTROS VALORES

Nuestros valores se encuentran fundamentados en la Biblia, fuente de toda verdad para hoy y para siempre. Nosotros ponemos en práctica estas verdades bíblicas como fundamento para las decisiones, normas y productos de nuestra compañía.

Valoramos la excelencia y la calidad
Valoramos la integridad y la confianza
Valoramos el mérito y la dignidad de los individuos
 y las relaciones
Valoramos el servicio
Valoramos la administración de los recursos

Para más información acerca de nuestra editorial y los productos que publicamos visite nuestra página en la red: www.portavoz.com